일본이
보인다

일본이 보인다

발행일   2019년 9월 20일

지은이   김병철
펴낸이   손형국
펴낸곳   (주)북랩
편집인   선일영   **편집**   오경진, 강대건, 최예은, 최승헌, 김경무
디자인   이현수, 김민하, 한수희, 김윤주, 허지혜   **제작**   박기성, 황동현, 구성우, 장홍석
마케팅   김회란, 박진관, 조하라, 장은별
출판등록   2004. 12. 1(제2012-000051호)
주소   서울시 금천구 가산디지털 1로 168, 우림라이온스밸리 B동 B113, 114호
홈페이지   www.book.co.kr
전화번호   (02)2026-5777   **팩스**   (02)2026-5747

ISBN   979-11-6299-870-0 03300 (종이책)   979-11-6299-871-7 05300 (전자책)

이 도서의 국립중앙도서관 출판예정도서목록(CIP)은 서지정보유통지원시스템 홈페이지(http://seoji.nl.go.kr)와
국가자료공동목록시스템(http://www.nl.go.kr/kolisnet)에서 이용하실 수 있습니다.
(CIP제어번호: 2019036992)

파국으로 치닫는 한일 관계의 해법을 찾기 위해
반드시 알아야 할 일본인의 속마음 92가지

日本
JAPAN

일본이 보인다

김병철 지음

징용공 배상 판결에서 촉발돼 화이트리스트 배제,
한일군사정보보호협정 파기 등 단교 직전에 이른
한일 관계를 풀 방법은 없을까?

일본을 제대로 안다면 문제의 실마리를 찾을 수 있다는
김병철 전 일본 영사의 지혜로운 조언에 귀를 열어 보자!

북랩 book Lab

PROLOGUE

철학자 '카를 포퍼(Sir Karl Popper, 1902~1994년, 오스트리아 빈 출신)'는 "삶은 문제 해결의 연속이다."라고 정의했습니다. 개인뿐만 아니라 국가 차원에서도 같은 맥락일 것입니다. 하나의 문제를 해결하고 나면 또 다른 문제가 덩그렇게 우리를 기다리고 있고, 이것을 해결하고 나면 또 그렇고 그런 것이 어쩌면 우리네 삶일지도 모릅니다.

흔히 한일 관계를 얘기할 때면 '가깝고도 먼 나라'라고 합니다. 양국이 지리적으로는 아주 가깝게 위치하고 있지만, 서로 믿지 못하고 소통하지 못한다는 뜻입니다. 1965년의 한일 국교 정상화 이후 2019년인 올해만큼 최악의 한일 관계는 없을 것입니다. 양국이 해결해야만 할 너무나 많은 문제가 산적해 있기 때문입니다. 제 개인적인 생각으로는 우리가 가장 가까운 이웃사촌인 일본과 서린우호관계 속에서 서로 손잡고 함께 협력해 나아갈 때 동북아는 물론이고 세계 평화와 경제 질서가 바르게 서지 않을까 하고 감히 생각해 봅니다.

그렇다면 어떻게 하면 양국 간 문제해결이 가능할까요? 한일 양국이 반목하는 가장 큰 이유는 무엇일까요? 여러 가지 이유가 있겠지만, 제 개인적인 생각으로 가장 큰 이유는 서로 소통 그리고 이해와 배려가 없기 때문이 아닐까 하고 생각해 봅니다. 개인이든, 국가든 먼저 자기 자신을 잘 살펴보고 상대방을 이해하고 받아들인다면 어떤 난관이 닥쳐올지라도 큰 어려움 없이 원만한 문제해결이 가능하겠지요. '지피지기면 백전백승'이라는 말이 생각납니다.

일본에 대해 조금이나마 알고 있다고 자부하는 제가 이런 어려운 시기에 무엇을 할 수 있을까 나름대로 곰곰이 생각해 보았습니다. 그러다가 우연히 과거 일본 유학 시절에 매일 정리해 놓은 비망록을 꺼내서 읽어 보았습니다.

지금부터 20년도 훨씬 더 전인 1990년대 중반, 수많은 일본인과 깊숙하게 접촉하는 과정에서 직접 보고 듣고 느낀 점 등을 정리한 내용을 다시 읽어 봤더니 그때나, 지금이나 일본은 조금도 변함이 없다는 생각이 들었습니다.

저희 부부는 연간 최소한 1~2회 정도는 일본의 여기저기를 여행합니다. 일본 체류 당시 소비세(간접세)가 3%였는데 귀국할 즈음에는 5%가 되었다가 지금은 8%이고 머지않아 10%까지 올라간다는 것 이외에 일본의 사회현상은 큰 변화가 없다는 것을 느꼈습니다. 소비세 상승분만큼 반영된 물가 상승은 어쩔 수 없겠지만 말입니다.

'나만 알고 있으면 안 된다. 적어도 일본을 제대로 알고 싶어 하는 정치인이나 경제인 그리고 모든 사람, 특히 학생들에게 일본의 사회와 문화를 있는 그대로 알려 주고 우리 자신도 되돌아보면서 현재의 난국을 타개하는 길을 제시해 주고 싶다'라는 생각이 들어서 갑자기 출판을 결심하게 되었습니다.

이번에 운 좋게도 ㈜북랩의 손형국 사장님께서 흔쾌히 출판을 허락해 주셔서 『일본이 보인다』라는 단행본을 출간하게 되었습니다.

손 사장님과 ㈜북랩 관계자 등 모든 분께 깊이 머리 숙여서 감사의 인사를 드립니다.

『일본이 보인다』라는 이 책 한 권으로 일본의 모든 것을 다 알 수는 없겠지만, 이 책을 읽고 나면 그동안 제대로 알지 못했던 일본사회에 대해서 조금은 눈이 뜨이고 자기 자신을 돌아보는 기회가 될 것입니다. 즉, 일본 사람들은 어떤 생각을 하며 어떻게 살아가고 있는지, 일본사회와 우리사회의 공통점과 차이점이 무엇인지를 어느 정도 짐작할 수 있을 것입니다.

앞으로 한일 양국이 서로를 이해하여 믿음직스럽고 정다운 이웃으로 함께 어깨동무하고 나아가면 좋겠다는 것이 저의 소박하고 작은 바람입니다.

그리고 한 가지 부탁드리고 싶은 것이 있습니다. 제가 일본에서 직접 보고 듣고 느낀 것에 대해서 정리한 이 책은 내용에 있어서 최대한 객관성을 유지하려고 노력했습니다만, 느끼는 감정은 각각 개별적일 수 있기에 독자 여러분의 감정과는 다소 다를 수 있음을 사전에 양해를 구하고자 합니다.

특히, '발전적 일한 관계를 위한 소고', '정중동', '출가외인' 등 3편의 글은 저의 일본 생활과는 전혀 관계없이 2018년 말부터 2019년 초에 걸쳐서 우리사회의 실상을 보고서 '소고(小考)'의 형식을 취해서 제 나름의 생각을 정리해 본 것입니다. 따라서 여러분의 생각과 완전히 다를 수도 있음을 알고 읽어 주실 것을 당부드립니다. 또한, 목차는 어떤 분류나 형식을 취하지 않은 채 날짜별로 정리한 순서 그대로 실었습니다.

아무튼, 이 책이 일본사회를 알고자 하는 모든 분에게 조금이라도 도움이 되었으면 좋겠습니다.

끝으로, 그동안 힘든 생활 가운데서도 오직 저만 믿고 묵묵히 그리고 열심히 살아온 사랑하는 아내 오봉남에게 이 책을 바칩니다. 아울러 우리 부부에게 늘 기쁨을 선사하는 김지현·이승연, 손승철·김소현 등 아들, 딸 내외와 귀여운 손주 손정인·손서영에게도 고맙다는 말을 전하고 싶습니다. 감사합니다.

2019년 9월
서울특별시 목동에서

김병철

CONTENTS

일 / 러 / 두 / 기

본 책에서는 일본어의 실제 어감을
살리기 위해 원어의 발음을 그대
로 병기했습니다. 기본적으로는 한
글 표준 규범 발음(일본어 발음) 순
으로 표기했으나, 일부 글의 경우
에는 일본인들이 이렇게 발음한다
는 내용에 맞춰서 일본어 발음을
먼저 표기했습니다.

01.
일본의 국토

일본 열도는 북위 46도부터 20도에 걸쳐서 남북으로 비스듬히 길게 뻗어 있는 약 3,700여 개의 섬으로 된 나라이다. 섬나라이기 때문에 자기네들 스스로 '시마구니(島國, 섬나라)'라고 부른다.

대표적인 큰 섬은 북쪽으로부터 '홋카이도(北海道, 홋까이도)', '혼슈(本州)', '시코쿠(四國, 시코꾸)', '규슈(九州, 큐우슈)' 등의 4개이며, 이 4개의 섬을 중심으로 주변에 크고 작은 많은 섬이 모여 하나의 국가를 형성하고 있다.

일본은 화산섬으로 화산 폭발 당시에 생긴 높은 산이 많아서 강줄기는 대부분 짧고 급류를 이루고 있으며, 전 국토의 약 67%가 산지, 15%가 농경지 그리고 3%가 택지로 되어 있다.

환태평양 지진대에 속해 있어서 화산이 많고 지진이 잦지만, 온천이 잘 발달해 있으며 사면이 바다에 접해 있고 한·난류의 교차로 인해 어장이 잘 발달해 있어 세계 제1위의 어획량을 올리고 있다.

국토의 전체 면적은 약 37.8만㎢이며 전체 인구는 1억 2천만 명이 넘으나 우리와 같이 대도시에 인구가 집중되어 있어서 인구 밀도는 1㎢당 334명 정도로 우리나라와 네덜란드에 이어서 세계

4위의 인구 밀도를 자랑하고 있다. 인구의 도시 집중화 및 지진 등의 피해를 줄이기 위하여 수도 이전 문제 등을 구상하고 있으나 여러 가지 제약 요건 때문에 쉽지 않다고 한다. 동경에만 약 1,183만 명이 집중된 것만 보아도 가히 짐작할 만하다.

일본의 기후는 여러 형태로 나타난다.

'홋카이도'는 냉대습윤기후, '혼슈'와 '시코쿠', '규슈'는 온난습윤기후, '오키나와'는 아열대성기후로, 여름철에는 태풍과 장마가 많고 겨울철에는 눈이 많이 내린다.

매년 장마와 태풍으로 인한 피해는 상당하나 '홋카이도'에는 유일하게 장마가 없고, '혼슈'의 '호쿠리쿠(北陸)'에는 지붕을 덮을 정도로 많은 눈이 내려 6, 7월이 돼도 녹지 않은 눈이 남아 있어서 이를 관광자원으로 활용하고 있다.

지진과 화산, 태풍과 장마 등 자연재해가 끊이지 않는 일본 열도에 사는 사람들은 우리나라의 환경이 무척이나 부러웠을 것이다.

그래서 옛날부터 오늘까지 한반도를 가교로 하여 대륙 침략의 꿈을 꿀 수밖에 없었나 보다.

일본에는 아직도 이런 야망의 잔재들이 곳곳에 남아 있다.

우리의 독도 영유권 문제를 비롯하여 러시아와의 4개의 북방섬 분쟁, 중국과의 센카쿠열도 분쟁 등 영토 분쟁이 미해결 상태로 남아 있다.

일본인들은 지금도 섬나라를 벗어나서 대륙으로 진출하는 꿈을 꾸고 있는지도 모른다.

02.
일본의 인종

　일본 열도의 원주민은 본시 '아이누' 족이었다. 키가 작고 몸집도 보잘것없는 종족이다. 일본 전 국토에 걸쳐서 이들이 분포해 있었으나 중국과 한반도 등 북방에서 체격이 큰 이주민들이 들어옴에 따라 이들은 차츰 북쪽으로 이동하여 끝내는 홋카이도까지 밀려나 이곳에 마지막 유산을 많이 남겨 놓았다.

　아이누 족들은 음성 언어는 있었지만, 문자 언어가 없었기 때문에 이들의 역사를 자세히 알기는 어렵다. 홋카이도의 지명에는 지금도 아이누 족의 언어가 많이 남아 있다. 그래서 일본인들도 홋카이도 말을 들으면 잘 모르는 경우가 많다고 한다. 아이누 족은 에도시대(江戸時代) 말경에 본토 일본인들에 의해서 최후로 정복됨으로써 본토 일본인들에 동화되어 버리고 지금은 그 순수한 종족을 찾아보기 힘들다고 한다.

　그러나 요즘은 뜻있는 홋카이도 주민들이 사라져버린 아이누 족 언어 발굴 운동을 활발히 벌이고 있다고 한다. 일종의 뿌리 찾기 운동인 것이다. 키가 작고 왜소한 일본인이 곧 아이누 족이다.

　일본 국민을 이루는 또 하나의 인종은 남방 계통의 종족이다.

　즉, 대만, 홍콩, 필리핀 등에서 북상하여 또 하나의 일본인을 이룬 것이다. 이 중에서도 대표적인 것이 오키나와이다. 100년 전만 해도 '류큐(琉球)' 왕국으로서 하나의 국가를 이루고 있었으나, 메이지시대(明治時代)에 일본에 합병됨으로써 류큐 족도 차츰 자취를 감추고 만 것이다. 오키나와 사람들은 홋카이도와 마찬가지로 본토와는 생활습관이나 언어 등 모든 것이 판연히 다르다. 특히, 오키나와 사람들은 남녀를 불문하고 몸에 털이 많다는 특징이 있다. 그래서 털이 없는 오키나와 사람은 오키나와 사람이라고 할 수 없다는 말도 있다.

오키나와는 제2차 세계대전 이후에는 미군의 점령지였다. 그래서 1975년경에 미군의 지배하에서 벗어날 때부터 지금까지 미군 주둔 문제로 떠들썩하다.

이들은 미군 주둔 문제도 본토 사람과 오키나와 사람의 차별 대우 때문이라고 믿고 있다.

그렇지만 일본이라는 나라는 사회 구조가 다른 나라와는 달라서 인종을 불문하고 일본어를 사용하고 일본 국적을 가지면 그것으로 일본인으로 여긴다. 배타적이면서도 가장 잘 포용하는 민족이 일본인이 아닐까 하고 생각해 본다.

현재 일본인의 구성은 원주민인 아이누 족·북방계 이주민·남방계 이주민 등 세 인종이 뒤섞여서 하나의 민족처럼 보이나, 사실은 단일 민족이 아니다. 그래두 일본인들은 자신들이 단일 민족이라고 믿고 있다.

03.
가나(仮名, 카나)

일본어는 한자·히라가나·가타카나 등 세 개의 문자로 구성되어 있다.

음성 언어는 있었지만 문자 언어가 없었던 일본은 기록을 남길 수가 없었으나 3~4세기경에 중국에서 한자가 전해짐으로써 자신들의 생각을 한자로 표기하기 시작했다. 하지만 중국말과는 발음이나 문법 등이 달랐기 때문에 일본어에 맞는 방법을 고안하여 사용하기 시작한 것이다.

이것이 중국의 한자를 읽는 두 가지 방법, 즉 '음독(音讀, 온요미)'과 '훈독(訓讀, 쿤요미)'이다.

'음독'은 중국말을 가능한 한 소리 나는 대로 흉내 내어 발음하는 것이나 실제로는 전혀 다른 소리로 변해버렸다. 일본어에는 모음이 '아이우에오' 등의 다섯 가지밖에 없기 때문에 중국말을 그대로 흉내 내는 것은 한계가 있었던 것이다. 이 '음독'도 한자가 전래된 시기에 따라서 세 가지 발음으로 나누어진다.

첫째가 '오음(吳音, 고옹)'이다. 5~6세기경 한반도로부터 불교의 전래와 함께 유입된 중국 오(吳)나라의 한자 발음이다. 오늘날에도 주로 불교 용어에 많이 남아있다.

둘째는 '한음(漢音, 칸옹)'이다. 6세기 말부터 9세기에 걸쳐서 수(隋)·당(唐)에 사신을 파견하면서 유교와 함께 전래된 한자이다. 오음(吳音)이 중국 남쪽 지방의 발음이라고 한다면, 한음(漢音)은 낙양(洛陽)·장안(長安) 등 북부 지방의 발음으로 유교 서적 등에 많이 남아 있다.

셋째는 '용음(庸音, 토오옹)'이다. 12~13세기의 '가마쿠라(鎌倉)', '무로마치(室町)' 당시 승려나 상인들에 의해서 전해진 당(唐)나라의 발음이다.

이에 반해서 일본 고유의 말인 '야마토 고토바(大和言葉)'는 표기 방법이 없었기 때문에 한자에 맞는 일본 고유의 말을 붙여서 사용한 것이 '훈독(訓讀)'이다. 우리가 알고 있는 한자의 발음과 '훈독'의 소리는 완전히 다르기 때문에 외국인들이 읽기에 가장 어렵다. 예를 들면, 한자의 '刀(칼 도)'를 '음독'으로는 '토오', '훈독'으로는 '카따나'라고 발음한다. 우리가 '刀'를 '도'라고 발음하는 것은 일본의 '음독'인 '토오'와 매우 유사함을 알 수 있다.

그러나 한자만으로는 일본인들의 의사를 제대로 전달할 수 없던 차에 헤이안시대(平安時代)에 천황의 후궁에 의해서 가나(假名)가 발명되었다.

한자는 복잡하므로 한자의 변(邊)을 간단히 이용해 '가나'를 만든 것이다. 이게 바로 '히라가나(平假名)'이다. 한자와 '히라가나'만으로 생활하는 데 별 불편함이 없었던 일본인들이었지만, 근대화와 더불어 외래 문물이 물밀 듯이 전해지면서 문제가 생긴다.

중국의 한자가 아닌 영어나 독어 등 구미어(歐美語)의 표기는 한자나 '가나'만으로는 어려웠던 것이다.

그래서 다시 만들어진 것이 '가타카나(片假名)'이다.

결국 일본이 자랑하는 '히라가나'나 '가타카나' 모두 한자의 변을 이용해서 만든 음절 문자로 모방어에 불과하다.

일본에서 사용하는 한자는 그리 많지 않다. 『고지키(古事記, 712년)』를 보면 '나라시대(奈良時代)' 당시에 1,507자가 사용되었고, 『만엽집(萬葉集, 만요슈, 759년)』에는 2,501자가 사용되었다. 현재는 3,800여 자가 사용되고 있으나, 1981년에 일본 문부성에서 상용한자 1,945자를 발표해 그 수를 훨씬 줄여서 사용하고 있다.

일본인들은 중국에서 전해진 한자만을 사용한 것이 아니라 일본인들 스스로 만든 한자, 즉 '와세칸지(和制漢字)'를 상당수 사용하고 있으며 이를 '코쿠지(國字)'라 하여 약 141자가 통용되고 있다고 한다.

오늘날은 '와세칸지'가 별로 만들어지지 않고 있으나, 서양 문물의 도입과 관련하여 '와세에고(和制英語)'가 많이 만들어지고 있다.

'가나'에 비해서 음소 문자이자 소리글자인 우리의 한글은 얼마나 과학적이고 우수한가! 우리의 한글이 세계 속에서 빛을 발하기 위해서는 국어 발전에 힘써야겠다. 그러기 위해서는 국력 배양이 최우선이다.

우리의 국력이 강하면 세계의 여러 나라가 앞다투어 우리 글을 배우려 할 것이기 때문이다.

04.
지진(地震, 지신)

일본만큼 지진이 흔한 나라도 많지 않을 것이다. 지진은 지각이 땅속 깊숙이 흐르는 마그마에 의해서 팽창하여, 소위 플레이트(판)가 부딪쳐 서로 엇갈리면서 발생한다고 한다. 현재 일본에는 3개의 판이 있다고 한다. 태평양 판·필리핀 판·우리의 동해인 일본해 판 등이 그것이다.

일본에서는 크고 작은 지진이 자주 발생한다. TV를 보고 있노라면 하루에도 몇 번씩 지진 발생 경보가 울린다. 처음에는 다소 놀라기도 했지만, 매일 반복되는 경보를 듣다 보니 무감각해짐을 알 수 있다.

1995년 1월 17일 고베에서 발생한 한신대지진(阪神大震淡, 한신다이신사이)은 근년에 보기 드문 대형 참사였다. 그래서 일본의 대학 연구소에서는 지진 예보 및 피해 감소를 위한 연구를 꾸준히 지속하고 있다. 전국에 설치된 지진 감지기가 지진을 감지하여 알려주는 데는 상당한 시간이 걸리고 또 그때는 이미 시간이 늦어서 대피 등에 문제가 있다는 것이다.

지난번 한신대지진 때 일어난 자연 현상 관찰을 통해 사전 지진 예측을 서두르고 있는 것도 그 때문이란다. 지진이 발생하기

며칠 전부터 서쪽의 하늘이 광채를 띄고 현란하여 평소와 달랐다는 것이다. 또한, 지진 구름이 사전에 관측됐다고도 한다.

양잠업을 하는 농촌에서는 누에고치가 일직선으로 무리를 짓고 배 근처의 물고기도 그랬다고 한다. 이러한 것을 연구한 결과, 모두가 전자파에 의한 것이라는 게 판명됐다.

즉, 대형 지진이 발생하기 전 땅속의 판 이동에 의해 암석 등이 부딪치면서 강한 전자파가 발생하여 서쪽 하늘이 광채를 띄고, 이온이 4배 이상 증가하여 지진 구름을 형성하게 된다는 것이다. 누에고치 등이 일직선으로 무리를 짓는 것도 전자파의 영향을 줄이기 위해, 즉 전류의 로스(loss)가 쉽게 하여 감전으로부터 자신을 보호하기 위해서라고 한다.

이러한 자연현상이 보인 2~3일 후에 한신대지진이 일본을 급습했다는 것이다.

그러므로 자연현상을 잘 관찰해 보면 사전에 지진 예측이 가능하다는 결론이다.

또한, 일본에서는 1997년부터 기존의 지진 강도가 1~7도까지 되어 있던 것을 5~7도는 5약, 5강 등으로 다시 2분화한 후 모두 10단계로 더 세분화하여 예보하고 있다.

우리는 통상 지진이 발생하면 땅이 갈라지고 사람과 건물이 그 속으로 파묻혀버려 피해가 발생한다고 생각하는 사람이 많은 것 같으나, 실제로 그렇지는 않다. 마그마의 이동이나 분출로 땅이 흔들려 건물이 파괴되고 그로 인한 누전 등에 의해서 화재가 발생하여 집 안에 갇힘으로써 피해가 발생한다.

그래서 일본인들은 지진은 분명 자연재해이지만 피해는 인간의 노력으로 최소화할 수 있다고 믿고 있다. 그래서 지진에 대비한 건축 공법이 발달해 있고 대다수의 가정집은 목조 건물이다. 목조 건물이 콘크리트 건물보다 지진에 강하다는 것이다. 또, 건물의 유리창은 우리의 아파트와 같이 이중창이 전혀 없다. 이는 지진 피해에 대비하여 법으로 금지하고 있다고 한다. 이외에도 일본은 어느 곳에 가더라도 광역 대피소가 마련되어 있고 소방 장비가 잘 준비되어 있다. 학교와 지방 자치 단체에서는 지진 대피 훈련을 수시로 반복하고, 일본인들은 대피 훈련이 몸에 배어 있어 지진도 일상생활의 일부분으로 여기며 생활하고 있음을 알 수 있다.

05.
장마(梅雨, 쯔유)

4월 하순이나 5월 초순이 되면 오키나와로부터 장마가 시작된다.

사쿠라(櫻, 벚꽃) 전선이 물러나면 장마 전선은 일본 열도를 지나 매일 북상하여 6월 중순쯤이면 한반도까지 접근하여 우리나라에도 영향을 준다.

다만, 홋카이도는 이 장마 전선의 영향을 받지 않는다고 한다.

장마는 일시에 많은 양의 비를 뿌리기 때문에 홍수 등 자연재해를 일으키기도 하지만, 벼농사에는 둘도 없는 은인이 된다.

문제는 이 장마 전선이 태풍과 조우할 때다. 그럴 경우 그 피해는 엄청나다.

일본인들은 장마를 '쯔유(梅雨)'라고 한다. 6월 초순경은 일본인들이 좋아하는 매실을 수확할 무렵인데 이때 장마 전선이 접근하여 매실 수확에 차질을 빚게 한다고 한다. 즉, '매실 위에 오는 비'라는 의미로 '쯔유(梅雨)'라는 이름을 붙였다고 한다.

또, 에도시대 이전에는 '쯔유'라는 말 대신에 '바이우(梅雨)'라고도 했다 하며, 이때는 밤꽃이 만개할 무렵이어서 '쯔이리' 또는 '쯔이유리(票花落)'라고도 한다. 즉, '쯔유(梅雨)'에 '이리(入)'한다는 뜻으로 '장마에 들어간다'라고 해석하면 될 것이다. 그래서 일본인들은 장마를 '쯔이리상' 또는 '쯔유리상'이라고 부른다.

또한, 장맛비는 5월의 구름(五月雲, 사쯔끼구모)이 원인이 되어 대낮에도 캄캄하고 저녁에는 구름에 가려 달이 뜨지 않는다고 해서 '사미다래(五月雨)'라고도 한다.

이와 조금은 다른 의미이지만, 일본에서는 음력 5월 5일을 '쿠스리비(藥日)'라고 하여 이날 정오에 내린 비를 받아서 약을 제조하면 효과가 있다고 하며, 이를 '쿠스리후르(藥降)'라고 한다.

똑같은 장맛비라도 여름날 저녁에 천둥을 동반하며 내리는 비를 '유우다찌(夕立)'라고 부르고, 강한 빗줄기와 약한 빗줄기가 번갈아 내리는 것을 '무라사메(村雨)'라고 한다.

우리나라에서는 햇볕이 내리쬐면서 비가 오면 "호랑이가 장가간다."라고 말하나 일본인들은 "여우가 시집간다."라고 하여 '사바에(日照雨)'라고 한다.

또, 갑작스러운 소낙비로 우산이나 갓을 쓸 겨를도 없어 팔꿈치로 머리를 가리며 간다는 말로 '히지카사메'가 있고 가뭄 끝에 내리는 고마운 비를 '키우(喜雨)', 장마가 시작될 무렵의 폭우를 '오크리즈유(送梅雨)', 장마가 끝났다고 생각했는데 또다시 내리는 비를 '카에리즈유(返梅雨)'라고 한다.

이처럼 일본인들은 하나의 장마를 두고 자기들의 생활과 연계시켜 여러 가지로 표현해 왔다.

06.
일본의 삼림

내가 일본에 있는 동안 가장 부러웠던 것 중의 하나가 일본의 수풀이었다. 홋카이도에서부터 오키나와에 이르기까지 갖가지 수목으로 가득 채워진 일본 열도는 한마디로 삼림의 보고였다.

동네 근처 어디를 가 봐도 뒷동산에도 우리의 깊은 산중에서나 볼 법한 울창한 숲이 장관을 이루고 있고 도시의 한복판에도 수풀이 무성하니 부러울 수밖에 없다. 예부터 숲이 무성하면 인심이 후하다고 했는데 그래서 일본인들은 마음의 넉넉함을 가졌는지 모르겠다.

그러나 일본인들은 삼림의 50% 가까이가 침엽수림인 관계로 생태계가 상당히 파괴되었다고 호들갑을 떤다. 제2차 세계대전 당시 미군의 폭격으로 일본 열도가 황폐해지고 그 후 서둘러 식목 사업을 벌여서 심은 것이 대부분 삼나무(杉木, 스기) 등의 침엽수라고 한다. 그 이전에는 활엽수와 침엽수가 적당한 비율로 조화를 이루어 열도를 뒤덮고 있었으나, 지금은 침엽수의 비중이 활엽수를 훨씬 앞섰다는 것이다.

활엽수는 미생물부터 고등 식물에 이르기까지 자연계의 먹이사슬을 이어주는 중요한 역할을 하지만, 침엽수는 산을 황폐화시킬 뿐만 아니라 생태계를 파괴하기 때문에 좋지 않다고들 한다. 활엽수는 여러 종류의 나무가 서로 어울려서 숲을 이루지만, 침엽수는 독불장군처럼 혼자서 독야청청한다는 것이다. 확실히 소나무나 전나무 등 침엽수의 나무 밑에는 다른 식물들이 자라지 못하는 것을 볼 수 있다.

우리나라도 6·25 전쟁 이후로 황폐화된 국토에 산림녹화 사업을 전개해 어느 정도 복구가 되었다고는 하나 아직도 수풀이 부족한 상태이고 일본처럼 침엽수의 비중이 상당히 높은 편이다. 생태계 파괴에 관한 정확한 연구가 있어야겠다.

일본 전 지역에서 서식하던 곰이 지금은 극히 일부 지역에서만 사는 것도 침엽수로 인한 생태계의 변화 때문이라고 한다.

요즘 일본에서는 '곰이 살 수 있는 숲을 지키자'라는 캠페인을 전개하고 있다. 지금도 곳곳에 곰이 나타나서 행인에게 행패를 부리고 농작물을 망가뜨리고 있음에도 곰 서식을 위한 좋은 환경 만들기에 노력하는 일본은 확실히 자연의 소중함을 깨우친 것 같다.

우리보다도 훨씬 삼림 자원이 풍부한 일본이지만, 자국산 목재 이용은 몹시 제한된다고 한다. 건축 공사에 사용하는 목재 모두를 동남아 등지에서 수입해서 충당하고 벌목을 못 하도록 한다고 하니 부러울 뿐이다.

우리나라도 이제부터 '아무 나무라도 상관없이 많이만 자라 달라'라는 식의 양 위주의 산림 행정은 그만둬야겠다. 자연과 함께 어울려 살 수 있는 원래의 삼림, 인간뿐만 아니라 자연도 함께 숨 쉴 수 있는 그런 것이 되도록 해야겠다.

07.
일본의 천황(天皇, 텐노)

일본인 교수에게 "천황이 죽으면 어떻게 장례를 치르냐?"라고 물었더니 한 번도 본 적이 없고 책자나 언론 매체 등에도 소개된 적이 없어서 잘 모른다고 한다. 천황의 생사는 현대화된 오늘날에도 일본인들에게는 신격화되고 있음을 느낀다.

일본인들은 사람이 죽으면 불교 의식에 따라서 화장한 후 가족 묘지에 묻는 게 보통이다. 그 때문에 매장이 성행하는 우리와 같은 봉분이 있는 무덤은 있을 리 없다. 절간 뜰에 있는 부도(浮屠)탑 같은 곳에 화장한 후 남은 재를 항아리에 넣어서 묻으면 그것이 바로 무덤이다.

얼핏 겉으로 보기에는 우리나라의 부도와 다를 바 없다. 그래서인지 일본인들의 무덤의 대부분은 절 안에 있고 절에서 관리해 주고 있다.

그러나 천황의 경우는 다르다고 한다. 확실한 것은 베일에 가려져 있기에 잘 알 수 없지만, 우리나라처럼 매장하고 봉분을 만들어서 장례를 치른다고 한다

교토에 있는 천황의 무덤 몇 군데를 직접 가보고 확인한 결과 천황의 무덤은 모두 거대한 봉분으로 이루어져 있다. 다만 우리

나라의 봉분과 다른 점은 잔디가 없다는 것이다. 왜 천황만은 화장을 하지 않고 봉분을 쓰는 걸까?

일본도 메이지 유신(明治維新) 이전에는 우리처럼 매장이 성행했지만, 당시 도쿠가와 이에야스(德川家康) 막부가 전염병 등의 전염을 우려해 매장을 금하고 화장하도록 하였다는 것이다. 이런 화장의 풍습은 일본인 모두에게 예외 없이 적용되는 것이 타당하겠지만, 천황은 곧 신(神樣, 카미사마)으로 일반 백성과는 사뭇 다르다는 뜻에서 매장 풍습을 그대로 유지하고 있다는 말이 있다.

내가 만난 수십 명의 일본인에게 일본 천황의 조상은 우리나라의 고대 국가인 백제의 후손이라고 말했더니 이에 대하여 반론을 제기한 사람은 아무도 없었다. 그렇다고 해서 "예."라고 대답한 것도 아니고 묵묵부답으로 응답해 줬다. 고대 『일본서기』를 보면, 확실히 일본 천황의 가계는 우리의 핏줄로부터 시작했다. 일본인들도 이를 모르는 바는 아니다.

그러나 세계 최고의 자유 민주주의 언론의 자유가 보장된 일본에서는 황궁의 모든 것은 극비로 취급되고 있어 이 모든 것이 금기사항이다.

그러니 천황은 누구의 후손이고, 어쩌고저쩌고 말할 일본인이 있을 리 만무하다. 참 알다가도 모를 일이다.

헤이안시대(平安時代)로부터 사무라이가 할거하던 전국시대(戰國時代) 그리고 에도시대(江戸時代)를 거쳐서 지금에 이르기까지 천황의 존재는 천 년이 넘게 도도히 이어져 오고 있는 것이다.

참으로 대단하고 칭찬받아 마땅한 일이라는 생각이 든다. 힘 있는 사무라이가 천하를 손에 쥐고 호령해도 자신이 무력으로 천황이 된 사례는 결코 없었고, 장군(將軍, 쇼군)이라 하여 제2인자가 되어서 정치를 했던 것이다. 그 힘 있던 막부인 '도쿠가와 이에야스'도 서열상으로는 천황의 아래에서 군림해 왔고 모든 통치는 형식적으로 천황의 재가를 받았다고 하니 하극상을 드러내지 않은 일본인들의 기질이 오늘까지 이어져 오고 있지 않나 하는 생각이 든다. 물론 천황은 그때나, 지금이나 형식적으로 최고의 자리였으며 실권은 대부분 사무라이가 쥐고 있었다.

이것이 현대에 와서는 내각으로 바뀌어 막부를 대신하여 총리와 내각이 권한을 대행하고 있으니 형식적인 황궁의 맥은 지금도 여전하다. 국가의 주요 정책은 지금도 총리가 직접 천황에게 결재를 받는 형식을 취하고 있다. 언젠가 TV에서 총리가 무릎을 꿇고 천황에게 결재 서류를 올리는 장면을 본 적이 있다.

'우리 학생들은 이 시대에 이러한 사실을 믿을 수 있을까?', '아니면 상상이나 할 수 있을까?' 하는 의아심이 생긴다. 우리의 학생들은 전근대적인 발상이라고 치부해 버릴까?

나는 대학 시절에 친구들과 곧잘 역사 얘기를 나누곤 했는데 그때마다 구한말이나 해방 당시 우리의 정치가들이 조선 왕조를 제대로 지키지 못했던 것을 개탄하곤 했다. 삼국·고려·조선시대 그리고 현대에 이르기까지 우리의 역사는 혁명(쿠데타)으로 점철되어 왔고, 하나의 왕가를 지켜 오지 못했다. 그 대표적인 예가

고려 말의 무장 이성계다.

그는 왕족을 멸하고 스스로 왕이 되었다. 이러한 현상은 조선 시대 500년 내내 계속 이어진다. 일본인들의 천황 숭배와는 너무나 대조적이지 않은가! 우리 민족은 예나 지금이나 흑백 논리가 통용되는 사회였다.

그러다 보니 점진적이고 타협적인 개혁이란 있을 수 없었던 것이다.

머리부터 발끝까지 전부를 뒤집어서 엎어 놓지 않으면 적성이 풀리지 않았으니 말이다. 구한말, 소위 피지배 계층의 지배 계층에 대한 반란은 끝내 조선을 일제의 식민지로 만들었고 일제 강점기 35년간 조국 광복 운동에 앞장섰던 당시의 공산당은 조국을 두 동강으로 만들어 놓고 말았다.

이는 지금도 남북이 첨예하게 대립하는 상황을 만들었지만, 모두 하루아침에 무엇을 해 보겠다는 급진적인 사고의 발상 때문이라고 본다.

대립하는 두 집단이 의견을 교환하여 양쪽 모두가 만족할 수 있는 적절한 타협점을 찾아 나가야만 조금씩 변화와 발전이 있을 텐데 우리에게는 이런 것이 보이지 않으니 안타까울 뿐이다.

소위 민주주의의 기본인 토론 문화가 전무하다고 해도 과언이 아닐 것이다. 사회의 모든 틀을 하루아침에 부정하고 급진 개혁을 추진해 왔던 공산주의의 말로는 어떠했는가?

공산주의의 원조인 소련마저도 붕괴하고 만 것을 보면 급진적

사고는 결코 선일 수 없다고 보인다.

물론 허수아비라고 해도 일본은 천황이라는 구심점을 중심으로 하여 지금까지 변화와 발전을 추구해 와 이제는 세계의 1등 국가가 되지 않았는가!

그렇다고 해서 우리의 조선 왕조를 다시 살리고 왕을 옹립하자는 얘기는 아니다. 지금도 왕가의 후손이 서울에 살고 있고 그 맥을 이을 수 있으니 정부 차원에서 대책을 마련하여 왕실의 문화 등을 보전 및 발전시키면 어떨까 하는 생각을 해 본다.

정치, 나라의 어떤 구심점이 없다 보니 항상 이합집산하고 서로 헐뜯고 중상모략하는 게 우리의 현실 아닌가! 우리 모두 가슴에 손을 얹고 진정한 한국인, 한국적인 것은 과연 어떤 것인가를 생각해 볼 때라고 본다. 말로만 우리 것을 지키자고 백 번, 천 번 외쳐도 뿌리 없는 나무는 금방 시들듯이 공염불이 되고 말 테니 말이다.

08.
신사(神社, 진쟈)

일본은 전국 어디를 가도 가는 곳마다 신사가 있다. 우리의 국립묘지에 해당하는 일본의 호국영령을 모시고 있다는 '야스쿠니 신사'로부터 홋카이도, 오키나와까지 일본은 크고 작은 신사의 나라이다.

신사는 예부터 지금에 이르기까지 나라나 마을 그리고 특정 분야에서 두각을 나타내거나 좋은 일을 한 사람들을 기리기 위해서 그들의 혼령을 모시는 공동묘지라고 보면 큰 문제는 없을 것이다. 즉, 일본사회에서 존경받을 만한 사람들이 죽어서는 신이 되어 신사에 모셔진다는 것이다.

내가 매일 산보하는 '이나리 신사(稲荷神社)'는 이나리산 전체가 토리이(鳥居)로 덮인 거대한 신사로 전국에서 모여드는 사람으로 발길이 끊이지 않는다. 토리이는 우리나라의 홍살문과 같은 것으로 이곳이 신사임을 나타내는 일종의 장식이다. 이나리 신(神)은 오곡백과를 관장하는 신으로서 그 사자(使者)는 여우이다. 그래서 '이나리 신사'에 가면 여기저기에서 여우상을 많이 볼 수 있다. 특히 장사하는 사람들이 이곳에 와서 기도하면 장사가 잘된다는 이야기가 있어서 참배객들의 발길이 끊이지 않는다.

일본인들이 신사에 방문하여 참배하는 모습을 보면 그 엄숙함에 놀라면서도 한편으로는 경외심마저 들 정도이다. 신사를 참배할 때는 먼저 신사에 마련된 헌금함에 돈을 집어넣고 천정으로부터 드리워진 방울을 딸랑딸랑하고 울려서 자기가 왔음을 신에게 알리고 손바닥을 두 번 친 다음 합장하고서 소원을 빈다. 기도가 끝나면 처음과 마찬가지로 또다시 손뼉을 두 번 치고 물러난다. 남녀노소 할 것 없이 신사를 참배하는 일본인들의 진지함을 보고 있노라면 정말 신이 살아 있을 것 같다는 생각마저 들 정도이다.

지난번에는 친구 한규가 이곳에 와서 노총각 신세를 면해 주고 장사가 잘되게 해달라고 참배했던 일이 있다. 또 시코쿠(四國)의 금비라(金比羅, 콘삐라)상에 갔을 때는 아들 지현이가 참배객들의 인파와 합장 기도하는 분위기에 휩싸여서 자기도 모르게 합장하고 참배했던 일이 있다. 일제 강점기 때 신사 참배가 어떤 것이었는지 내 친구나 아들도 익히 알고 있었을 텐데 이들의 분위기에 말려들어서 일본인 속에 파묻혀버리는 모습을 볼 때면 분위기라는 것이 얼마나 무서운 것인가를 알 수 있을 것 같다.

일본인들은 신사 참배를 통해서 저들이 한민족임을 느끼는 것 같다. 기독교인 이외의 여타 종교인들도 신사 참배를 자연스럽게 받아들이는 것 같다.

교토의 기온(祇園)에 있는 '야사카 신사(八坂神社)'는 남녀 간의 인연을 맺어준다는 엔무스비(緣結, 연결) 신사로 유명하다. 이곳에 젊은 남녀들의 발길이 끊이지 않는 것도 이해할 만하다.

이렇듯 신사마다 나름의 연유가 있고 관광지와 연계시켜서 신사의 발전을 꾀하기도 한다. 이러한 일본인들의 신사 참배는 1935년경의 일제 침략 때 창씨개명과 함께 우리나라에서도 강요된 적이 있다. 소위 내선일치 정책의 일환으로 말이다. 이때 일본의 강요에 못 이겨 일반 국민은 물론 기독교인들까지도 신사 참배에 응하지 않을 수 없었다고 한다.

신사에 미친 듯한 일본인들을 보면 혹자는 일본은 잡신들의 천국이라고 비아냥거릴지도 모른다. 나도 처음에는 그랬으니 말이다. 그러나 그 내막을 찬찬히 들여다보면 신사 참배는 일종의 조상 숭배 사상임을 알 수 있다. 일본인들은 자기 조상의 무덤은 말할 것도 없고 신사에도 자주 들린다. 자신의 조상뿐만 아니라 사회적으로 공을 세운 사람들의 덕을 기린다는 것이다.

우리의 경우는 어떠한가? 내가 어렸을 때만 해도 집집마다 신줏단지라는 것이 있어서 어머니들이 일어나서 부엌일을 하기 전에 제일 먼저 맑은 물을 떠 놓고 합장한 후 두 손을 비비며 가정의 안전과 행복 등을 빌고서 하루의 일과를 시작했다. 그런데 언제부터인지 우리 집 그리고 이웃집에서도 이 신줏단지가 자취를 감추고 말았다. 그 이유를 나는 자세히 잘 모른다. 산업화 과정과 기독교의 유입으로 그렇게 되지 않았나 하고 내 나름대로 추측해 볼 뿐이다. 우리 조상들의 신줏단지가 설령 미신이라고 할지라도 조상 대대로 내려왔던 우리의 전통 의식이건만, 온데간데

없이 사라져 버렸으니 일본의 열성적인 신사 참배를 생각하면 울화가 치민다.

세계의 그 많은 나라 중에서 우리나라처럼 종교의 침투가 쉬운 나라도 없다고 한다. 일본에는 우리보다 훨씬 먼저 기독교가 전해졌지만, 일본의 기독교 인구는 지금도 고작 3%에 불과하다고 한다. 우리의 경우는 어떠한가? 2~30대 젊은이 중에서 지금까지 단 한 번도 교회에 가 보지 않은 사람은 과연 몇 명이나 될까? 삼국·고려시대는 불교 국가, 조선시대는 유교 국가 그리고 지금은 마치 기독교 국가인 양 거리는 온통 교회 건물과 십자가로 넘친다. 얼마간의 세월이 흐르면 기독교는 가고 또 어떤 종교가 우리나라를 휩쓸까 걱정이 된다. 그렇게 믿고 의지했던 불교를 헌신짝 버리듯이 버리고 공자의 유교를 숭배하고, 또 그러한 유교를 언제 믿었냐는 듯이 내팽개치고 기독교로 몰리고….

과연 우리 민족의 정신적인 지주는 무엇인가? 이제는 나라가 부강하고 가난하고를 떠나서 민족과 국가를 떠받쳐 줄 참된 정신적 지주를 생각해 봐야 할 때라고 본다. 부초마냥 이리저리 휩쓸리는 민족이 되지 않기 위해서 지금부터라도 전통을 중시하고 계발하는 지혜를 모아야겠다.

우리 민족은 우리 민족 나름대로 우리 것을 지키며 살아가고 일본은 저들 나름대로 그렇게 하면 되는 것이다. 우리의 지난 것이 좀 불편하고 비과학적이며 불합리하다고 해서 내팽개쳐 버리고 온통 서양의 것으로 덮인 현실을 보면 이곳이 서울인지, 파리인지, 뉴욕인지 도대체 구분이 안 된다. 입으로만 전통문화 계승 등을 운운하지 말고 몸으로, 마음으로 우리가 한국인임을 늘 간직해야겠다.

일본인들은 기독교의 사상을 이해하지 못하고 신사 참배는 미신이나 잡신 숭배라는 것을 몰라서 지금껏 지켜오는 것일까? 절대 그렇지는 않다고 본다. 신앙이라는 것은 그 민족의 역사와 환경에 따라서 함께 지켜져 오는 것이다. 세계 4대 종교라는 것도, 아프리카의 토속 신앙도 그리고 일본의 신사 참배도 결국은 연약한 인간이 눈에 보이지 않는 절대자에게 의지하려는 것이 아닐까? 이런 관점에서 보면 예수도, 석가도, 마호메트도, 공자도 결국 끝에 가서 다다르는 종착역은 하나라고 본다. 헌법에 신앙의 자유가 명기되어 있듯이, 누군가가 그 누구를 믿고 따르더라도 간섭할 바는 아니다. 그러나 우리는 반만년의 역사를 함께 이어온 한민족이다.

우리에게는 한민족으로서의 신앙이 있고, 민화가 있고, 전설이 있으며, 신화가 있다. 어느 종교를 믿건 우리가 한민족임을 잊어서는 안 될 것이다.

일본의 신사에서 지금도 많은 사람이 합장 배례하며 저마다 자신의 소원을 빌고 있고 그러면서 일본 민족 공동체임을 알게 모르게 피부로 감지하는 것을 보며 우리도 더 늦기 전에 우리 나름의 것을 발굴하는 것을 장려해야겠다는 생각이 든다. 기독교가 이스라엘에서 나왔다고 해서 서울의 유명한 목사가 결코 이스라엘 사람이 될 수는 없듯이….

일본의 신사 문화를 보고 흥만 볼 것이 아니라 일본인들의 정신이 어디에 근원을 두고 있고 또 어디로 향하고 있는가를 배워야겠다.

'일본' 하면 '신사(神社)의 나라'라고 할 만큼 일본에는 방방곡곡에 여러 형태의 신사가 산재해 있다. 내가 사는 이곳 교토에서는 '이나리 신사(積倚神社)'가 가장 크고 장사하는 사람들이 이곳을 자주 찾는다.

'이나리 신'은 오곡백과를 관장하는 신이기 때문에 여기서 기원하면 장사가 잘된다고 한다.

또한, '기온(祇園)'에 가면 '야사카 신사(八板神社)'가 있다. 이곳은 역사가 꽤 오래된 신사로서 '엔무스비(緣結)'로 유명하다. 전국의 청춘 남녀들이 이곳 '야사카 신사'에서 기원하면 두 사람의 사랑이 결실을 본다고 한다. 이런 것들이 사실이든, 거짓이든 간에 일본인들은 태어나면서부터 신사와 인연을 맺고 살아간다.

일본의 많은 신사 중에서 우리의 귀에 익은 신사로는 도쿄에 있는 '야스쿠니 신사(靖國神社)'가 있다. 한일 및 중일 외교 관계에도 중대한 영향을 미친 신사이다. JR 도쿄역 서쪽 넓은 광장의 에도성 안에는 황궁이 있다. 이 황궁에서 북서쪽으로 약 1㎞ 정도의 거리에 '야스쿠니 신사'가 자리하고 있다. 그다지 크지 않은 아담한 도심 속의 신사이다. 겉으로 봐서는 여느 신사와 비교해 봐도 이렇다 할 특색이 보이지 않는다. 그런데도 늘 언론에 오르 내리는 건 왜일까?

'야스쿠니(靖國)'라는 말은 '혼란한 나라를 진정시킨다'라는 뜻이다.

즉, 나라를 진정시킨 영혼들이 잠들어 있는 곳이 '야스쿠니 신사'이다.

우리나라의 국립묘지에 해당하는 곳으로 애국지사의 묘지이기도 하다. 여기엔 제2차 세계대전의 전범이나 조선 침략자들의 유골도 함께 안장되어 있다.

그래서 늘 문제가 된 곳이다.

일본의 보수파나 국수주의자들은 무언가를 단행할 때 으레 이곳에서 참배하는 것으로 그 일을 시작한다. 최근 자민당·신진당 등 보수 세력의 국회의원들이 대거 '야스쿠니 신사' 참배를 합동으로 행한 적이 있다. 이를 보고 언론에서는 보(保)·보(保) 대연합으로 곧 「평화헌법」 제9조(재무장 금지)의 개정이 있을 것이라고 암시한 바 있다. 지금의 경제 대국 일본이 군사 대국을 지향하고 재무장하기 위한 구실을 만든다는 것이다. 헌법 제정 50주년을 맞이한 금년을 헌법 개정의 기회로 삼는다는 것이다. 그러나 피폭 경험이 있는 일본 국민이 쉽게 「평화헌법」을 개정하리라고는 보이지 않는다.

그러나 '야스쿠니 신사'를 중심으로 일본의 모든 보수 세력이 재결집한다면 일본은 또다시 대동아 공영을 내세워서 주변 국가를 넘볼지도 모른다. 늘 경계해야 할 일이다.

일본은 분명 자유 민주주의 국가로 종교의 자유가 보장되는 나라다.

그러나 국가라는 이름하에서는 개인의 존재를 찾아볼 수 없는 게 우리와 다르다. 어느 독실한 기독교인이 자위대 대원으로서 순직한 일이 있었다고 한다. 유족들은 고인의 뜻을 받들어서 모든 장례 절차를 기독교 의식으로 행하고 가족 묘지에 안장하려 했으나 일본정부는 이를 허용하지 않았다. 즉, 장례는 기독교 의식이든, 다른 의식이든 어떤 의식에 구애받지 않고 가능하나, 고인은 국가를 위해서 죽은 유공자이기 때문에 유골은 반드시 '야스쿠니 신사'에 안치해야 한다는 것이었다.

그래서 유족이 법원에 소를 제기했지만, 끝내 패해서 고인을 '야스쿠니 신사'에 묻어야만 했다고 한다.

우리의 사고방식으로는 도저히 이해할 수가 없으나, 엄연히 이러한 일들이 행해지는 곳이 일본이다.

그 때문에 '야스쿠니 신사' 하면 언제나 국수주의니, 극우주의니 하는 수식어가 붙어 다닌다.

10.
야마토 정신(和の精神, 야마토 세신)

한자의 의지(意志)와 의지(意地)를 확실히 구분하는 곳이 일본이다.

의지(意地)는 광의로 '마음'을 가리키나, 마음 가운데서도 자신이 생각한 것을 관철하려고 하는 기분을 말한다.

이에 반해서 의지(意志)는 의지(意地)의 뜻을 포함하면서도 동정심이나 마음속에 품고 있는 생각을 말한다.

두 낱말은 얼핏 똑같아 보이나, 의지(意志)가 개인적인 것이라고 한다면 의지(意地)는 집단의식을 품고 있다. 즉, 개인의 의지(意志)가 한 집단의 공통된 표상으로 나타날 때, 다시 말해서 공인된 의지(意志)가 곧 의지(意地)인 것이다.

현실의 일본사회에서는 이러한 개인의 의지(意志)는 없고 집단의 의지(意地)만이 존재하는 것을 종종 볼 수 있다. 왜냐하면, 개인은 늘 전체에 귀속되고 집단에 매몰되어 왔기 때문이다.

또한, 개인의 자각은 빈약하고 사람들은 자신의 주장을 내세우지 않으며 언제나 대세에 순응한다는, 즉 흐름에 동주하며 살아왔기 때문이다. 이런 경향은 개인의 자유가 보장된 현대사회에서도 뿌리 깊게 남아 있다고 한다. 이런 현상은 신문이나 TV 등의 언론에서 볼 수 있듯이 일본의 획일적인 사회를 말해 준다. 어느 신문을 보더라도 1면, 2면 등 모든 면의 지면 구성이 거의 비슷하다.

이에 대한 대표적인 말이 일본의 유명한 소설가인 '나쓰메 소세키(夏目漱石)'가 쓴 『구사마쿠라(草枕, 쿠사마꾸라)』에 나온다.

"치니 하따라께바 카도가 타쯔. 죠니 사오사세바 나가사래루. 이지오 토오세바 큐우꾸쯔다. 우사기 카도니 히또노요와 스미니꾸이[智に働けば角が立つ。情に棹させば流される意地を通せば窮屈だ。兎角に人の世は住みにくい(지혜롭게 행동하면 모가 나고, 정에 치우치면 흘러버리고, 의지를 관철하면 융통성이 없다. 어쨌든 인간 세상은 살기 힘들다)]."

그러면 어떻게 살아야 한다는 것인가?

이게 바로 일본의 야마토 정신이다. 둥글둥글하고 모나지 않게 살아야 한다는 것이다. 작은 섬나라에서 각자 자기 생각을 관철하려 한다면 싸움이 되고 도망갈 곳이 없어서 좀처럼 수습이 어렵다는 것이다.

그러므로 모두 사이좋게 지내기 위해서는 자기 자신의 의지(意志)를 죽이고 집단에 동조하지 않으면 안 되며 여러 사람의 공통의 의지(意志), 즉 의지(意地)를 따르지 않으면 안 된다는 것이다.

실제로 내가 일본에서 생활하면서 음식점이나 술집 등 웬만한 곳은 다 다녀 봤지만, 싸움이나 다투는 모습은 단 한 번도 본 적이 없다.

내 아파트 주변에서 부부 싸움을 한다던가, 이웃 주민끼리 다툼을 하는 것도 본 적이 없다.

일본인들은 '야마토 정신(和精神)'으로 가능하면 자신의 의지(意志)를 표출하지 않고 대세의 흐름을 따르는 것이 일상화되어 있는 것 같다.

그래서 좀처럼 다투지 않는 게 일본인이라고 한다. 만약 다투었을 때는 한 사람이 죽는 지경까지 이르는 참혹한 광경이 펼쳐질 수도 있다고 한다.

부부가 싸우면 곧 이혼으로 연결된다고 하니 '칼로 물 베기'라는 우리의 부부 싸움과는 비교된다.

개인별로는 무척이나 약해 보이는 일본인들이 어떤 슬로건하에 모여서 집단을 이루면 무서운 힘을 발휘하는 것은 당연할 귀결인 것 같다. 태평양 전쟁 당시의 '가미카제(神風, 카미까제)' 특공대가 이를 잘 말해 준다.

11.
일본인의 사생관(死生觀)

　내가 만나는 일본인들에게 죽은 뒤에 어떻게 되느냐고 물으면 백이면 백이 모른다고 대답한다. 우리 같으면 천당이나 극락 그리고 지옥에 간다고 얘기하겠지만, 이들은 사후에 대해서 그럴듯한 생각을 하지 않고 지내는 것이다. 너무나 현실적이라고나 할까? 이들의 얘기를 종합해 보면 사후에는 누구나 신(神)이 된다고 믿고 있음을 알 수 있다. 사람뿐만 아니라 삼라만상의 모든 생물은 죽으면 신이 된다고 굳게 믿는 일본인이다. 일본의 곳곳에서는 썩어 죽은 고목이나 돌멩이 등에 옷을 입혀놓고 참배하는 모습을 종종 볼 수 있다. 특히, 신사에 가보면 죽은 자의 영혼을 모셔놓고 참배하는 모습을 볼 수 있는데 이는 사후의 또 다른 세계를 보는 듯하다.

　그래서인지는 모르지만, 일본인들은 죽음도 아주 의연하게 받아들여야 한다고 믿고 있다. 치욕을 당하느니 차라리 할복을 택한다는 사무라이 정신에서도 그것을 엿볼 수 있다.

　일본의 전국시대를 보면, 서로 죽고 죽이는 치열한 영토 확장의 세력 다툼 속에서도 상대방 성주를 죽이고 나면 반드시 그 죽은 성주를 위해서 신사를 건립해 준다. 이는 죽은 사람이 원

귀가 되어 해를 입히기 때문에 그 원귀를 위로하고 달래기 위해서라고 한다. 일본어로 '뒤탈'을 '타따리(たたり)'라고 하는데, 한마디로 말해서 이런 '타따리'를 없애기 위해서이다. 사람을 죽이고 나서 그 사람을 위한 사당(신사)을 세운다는 것은 뭔가 개운치 않다고 생각되지만, 이것이 바로 일본인들이다.

임진왜란 당시 왜군은 조선 군사의 귀를 떼어 가지고 갔다고 한다.

그러나 왜군은 그 떼어간 조선 군사의 귀를 버리지 않고 교토의 양지바른 곳에 한꺼번에 묻고 '이총(耳塚, 미미즈까)'이라는 귀무덤을 만들어 주었다. 이게 지금도 교토에 그대로 보존되어 있고 일본인들이 이곳에서 참배한다.

참 아이러니하지 않은가!

아주 먼 옛날부터 어느 나라를 막론하고 사람이 죽으면 가족들은 검은색 옷이나 평상복이 아닌 그 나라에 맞는 상복을 입어왔다. 또, 변장을 하는 경우도 있다.

이것은 죽은 사람의 영혼이 자기와 평소에 가까웠던 사람의 영혼을 빼앗아가려 하므로 이를 피하고자 생긴 관습이라고 한다.

일본인들은 장례식 때 검은 양복이나 검은 기모노를 입고 참석한다.

검은색 기모노나 양복 한 벌씩은 반드시 집에 준비되어 있다고 한다.

우리가 상복으로 삼베옷과 두건을 사용했던 것과는 사뭇 다르다.

물론 우리나라에서도 요즘에는 일본식으로 검은 양복에 검은 완장을 두르는 경우를 자주 볼 수 있다.

우리의 장례와 가장 다른 점은 일본에서는 100% 화장을 한다는 점이다. 에도시대 이전에는 우리처럼 매장해 왔지만, 에도시대 이후로 차츰 서양 문물에 눈을 뜨게 되면서 당시 도쿠가와 막부에서는 전염병 예방의 일환 등으로 화장을 명령했다고 한다. 지금은 화장이 당연한 일로 받아들여지고 있다. 단지 천황만은 화장하지 않고 매장하는 게 인정되고 있다. 일본인들은 천황은 매장한다고 알고는 있지만, 그 이상은 알지 못한다.

또한, 장례 풍습 역시 우리처럼 지역에 따라서 각각 다르다. 특정 종교의식을 꼬집어서 말할 수는 없지만, 유·불·선이 어우러져 행해지고 반드시 스님의 주도하에 불교식으로 장례를 치르는 것이 보통이다.

불교 의식으로 장례를 치르다 보니 납골당도 대부분 절 안에 있다. 공동묘지나 납골당도 가족 묘지가 주류를 이루었으나 요즘에는 개인별 묘지도 점차 확대되고 있다고 한다.

장례 후 치르는 제사 문화도 우리와는 다르다.

장례 후에는 반드시 49재를 치르고 제사를 모시는데 우리나라처럼 매년 제사를 지내지 않는다. 사후 1, 3, 5, 7, 11, 20년 간격으로 제사를 지내는데, 이때는 가까운 친·인척을 다 부르고 장례 때와 똑같은 절차를 거쳐서 제사를 모신다. 참석자들은 부조를 하고 선물도 받아 간다.

일본어로 제사(祭祀, 사이시)라는 용어도 있지만, 이는 한문 투의 말로 일본인들은 거의 사용하지 않고 대신 '호오지(法事)'라고 한다. 보통 23년이나 30년이 지나면 제사를 지내지 않는다고 한다.

이는 30년쯤 지나면 고인을 아는 사람이 지구상에는 거의 없어지기 때문이란다. 제사는 고인을 아는 사람이 고인의 생전의 업적을 기리고 추모한다는 의식이 강한 것 같다. 30년이 지난 고인은 그 후손들이 '센조(先祖, 선조)'라고 하여 매년 8월에 한꺼번에 시제를 지낸다. 지역마다 차이는 있지만, 보통 8월 13일부터 15일 사이를 '오봉(お盆, 양력으로 8.15 추석)'이라 하여 일본의 대명절이 된다. 이날은 저세상의 선조들이 모두 집을 방문하기 때문에 가족들은 외출을 삼가고 몸을 정결히 한 후 집 안에서 이들 선조의 방문을 맞이한다. 이 기간 동안에는 집집마다 마련된 불단에 촛불을 켜고 엄숙하게 제사를 지낸다. 8월 16일은 선조가 돌아가기 때문에 사방에 불을 밝히고 배웅하는 의식을 갖는다. 교토 지방에 남아 있는 '다이몬지(大文字, 대문자)' 행사가 바로 선조를 다시 저세상으로 보낼 때 불을 지펴 환송하는 '오끄리비(送火, 우란분, 전송하는 불)' 풍습이다.

교토의 히에잔(比叡山), 기타야마(北山), 아라시야마(嵐山) 등 네 군데의 산기슭에 '대문자(大文字)'라는 글씨가 보이게 불을 지핀다. 이를 보기 위해 경향 각지에서 많은 관광객이 교토에 방문하며 교토는 이로 인한 관광 특수를 누리게 된다.

일본의 '오봉(お盆)'은 우리와 비교해 볼 때 음력 8월 보름인 추

48

석에 해당하는 일본 최대의 명절 중의 명절이다. 이때는 객지에 나가 있던 모든 사람이 귀향하는 행렬로 인해서 도로란 도로는 모두 자동차로 넘쳐흐른다. 우리의 설이나 추석 전야의 모습과 다를 바 없다.

우리의 제사는 철저하게 유교 의식을 따른다. 집안의 장손들이 일면식도 없는 조상을 5대까지 제사 지낸 후 10월 제(시제)를 모셔야 하는 것과 비교해 볼 때, 일본인들은 얼마나 현실적인가!

내 외갓집은 1년 동안 열댓 번의 제사를 지내야 한다. 한 달에 평균 1~2번은 제사를 모셔야 하니 현대인으로서는 보통 일이 아닐 수 없다.

얼마나 많은 경제적·시간적 낭비인가? 혹자는 제사를 기회로 친·인척들이 모여 앉아서 우의를 돈독히 할 수 있어서 좋고 조상의 뜻을 받들어 기리는 자리가 될 수 있다고 얘기할지도 모른다. 우리 것을 지키는 것이라고 항변할지도 모른다. 그러나 단호히 말해서 그렇지 않다고 얘기한다면 나는 몹쓸 놈이 되는 것일까?

중국에서 건너온 유교 사상이라는 게 어찌 우리 것이라고 말할 수 있겠는가? 유학의 발상지인 중국에서조차 별 관심을 보이지 않는 현대에 유독 우리나라만이 고리타분한 과거의 유교 사상에 젖어서 헤어 나오지 못하는지! 한반도, 그것도 남쪽에서만 그런 유교에 얽매여 있다. 물론 유학이 우리사회에 끼친 순기능적 부분을 부정하고 싶지는 않다.

역성혁명으로 집권한 이성계가 자신들의 입장을 합리화하고 통치 수단으로써 택한 새로운 유학 사상이 5백 년 조선 왕조를 지배해 왔고 더 나아가 유교라는 종교의식으로 발전(?)해 오늘에 이르렀음에도 이에 대한 비판이나 새로운 대안 없이 지금도 그러한 것이 참이요, 진리인 양 그리고 진정한 우리 것인 양 신줏단지 모시듯이 하고 있으니 참으로 갑갑할 노릇이다. 이제는 우리 자신을 되돌아보고 다시 한번 생각해 봐야겠다. 유교를 없애자는 얘기는 절대 아니다. 좋든, 싫든 유교를 부정한 우리는 있을 수 없을 테니 말이다. 과거에 우리 선조들이 계승·발전시킨 유교 사상의 좋은 점은 받아들여서 계속 전승하되, 오늘의 현실에 맞지 않은 부분은 과감히 버려야겠다.

태종 이방원이 강력한 통치 수단의 하나로 택한 여자의 재가금지나 열녀 등은 오늘을 사는 우리에게는 한갓 허깨비로밖에 여겨지지 않을 것이다.

재가금지령으로 조선의 과부들은 재혼할 수 없었지만, 그 대신 보쌈 등의 사회적 폐단, 인간성의 말살 등 수없이 많은 부정적인 현상이 전개되지 않았던가! 과연 재가금지가 옳은 일이라고 누가 감히 말할 수 있을까? 이는 단편적인 예에 불과하지만, 이처럼 유교라는 신사상을 통해서 왕정이 우리 백성들의 기본권을 침탈했다고 말해도 결코 틀린 말은 아닐 것이다. 한 사람의 열녀가 죽어 가면서 인간으로서 얼마나 많은 한을 품고 갔을까를 생각해 보면, 그녀에게 열녀비는 한갓 허깨비에 불과하지 않았을까?

일본인들은 사람이 죽는 것과 여타 동·식물, 심지어는 무생물의 죽음까지도 동일시하고 있다. 일종의 범신론이랄까? 가령, 오래된 고목이 벼락을 맞아 불타 죽으면, 그 고목 등걸에 옷을 입히고 참배한다. 사람과 똑같은 정령(영혼)이 있다고 믿는 것이다.

일본에 가 보면 말이나 고양이, 개 등의 무덤이 여기저기에 널려 있는 것을 볼 수 있다.

이러한 일본인들의 사생관의 옳고 그름을 논할 수는 없다. 사후 세계는 오직 죽어본 자만이 알 수 있고, 민족에 따라서 보는 관점이 다 다를 테니 말이다. 잡신이니, 미신이니, 범신론이니를 따지지 말고 일본인들이 지금까지 살아온 발자취를 더듬어 볼 필요성이 있다. 그래야만 우리가 일본을 제대로 볼 수 있지 않을까?

기독교가 우리보다 더 먼저 전파된 일본에는 고작 3~5%도 안 되는 기독교인만이 근근이 그 명맥을 유지하고 있다. 이에 대해서 한 번쯤은 생각해 볼 때라고 본다. 여기에 비해서 우리는 어떠한가? 거리 곳곳마다 십자가의 물결로 넘실대며 마치 기독교 국가처럼 보이지 않는가!

만 가지 잡신의 천국인 일본에는 분명 그들만의 생활이 있다. 세계 200여 국가 중에서 우리나라만큼이나 종교의 전파가 쉬운 나라는 없다고 한다.

기독교인들은 "하나님이 택한 민족이기 때문이다."라고 선뜻 말할지도 모른다. 그러나 기독교뿐만 아니라 세계 어느 종교를 막론하고 한반도에 유입되어 흥하지 않은 종교가 없었다는 사실을 어떻게 설명해야 할까?

진정 우리 것이 무엇이고 우리는 어떻게 살아가야 하는지 사
회 지도층에서는 한 번쯤 생각해 볼 때다.

12.
제사(法事, 호오지)

일본에는 제사라는 말이 없다. 그 대신에 우리의 제사와 비슷한 의식으로 불교 의식인 '호오지(法事)'라는 의식이 있다. 장례를 치른 후 49일째 되는 날을 49재(49齋)라 하여 장례식에 참석했던 사람들을 다시 불러 절이나 집에서 불교 의식을 갖는다. 우리의 탈상과 비슷한 것이다. 49재를 지냄으로써 슬픔에서 벗어나 소위 복(服)을 벗는다고 한다. 이때는 참석자들에게 장례식 때 기부한 부의금의 1/2, 1/3 등을 다시 돌려줌으로써 감사의 뜻을 표한다.

문제는 49재 이후의 제사이다.

우리나라는 '5대 봉사'라 하여 5대에 걸쳐서 매년 기제사를 지낸다. 죽은 선조가 누구인지도 모르고 단지 선조라는 것 하나 때문에 이를 계속하지 않으면 안 된다.

그러나 일본의 경우는 완전히 다르다. 장례 후 3, 5, 7, 13, 17, 23년째 되는 날이면 절에 가거나 집으로 스님을 불러 '호오지'라는 의식을 갖는다. 정식 제사인 셈이다. 이때는 친·인척은 물론이고 고인의 친구들도 불러서 생전의 고인을 기리고 푸짐한 음식을 마련해서 방문객에게 대접한다고 한다. 방문객이 돌아갈 때는 조그마한 선물(오미야게)을 건네준다. 사후 23년이 지나면 '호오지'를 지내지 않는 게 보통이다. 물론 30년째까지 지내는 사람도 있지만, 23년쯤 되면 고인을 기억하는 사람이 이 세상에는 거의 없기 때문이란다.

제사는 이러하지만, 성묘는 우리보다 더 적극적이다. 일 년 중에서 선조를 맞이하는 가장 큰 날이 8월 중순경의 '오봉(盆)'이다. 지역에 따라 다소 차이는 있지만, 대체로 8월 15일 전후가 '오봉'이다.

'오봉'은 선조가 저승에서 이승으로 잠시 내려오는 날로서 객지에 나가 있던 가족들도 모두 집으로 돌아와 선조를 맞이하는 의식을 갖는다.

각 가정에서는 '불단(佛增, 부쯔단)'에 온종일 불을 훤히 밝히고 선조의 영혼을 위로한다. 보통 3일간 계속되는 '오봉' 때는 '킨카쿠지(金關寺)', '아라시야마(嵐山)', '키타야마(北山)', '긴카쿠지(銀關寺)' 등의 네 군데서 '다이몬지(大文字)'라 하여 저승으로 되돌아가는 선조의 영혼을 배웅하는 '오끄리비(送火)'를 피우는 것으로 끝난다.

일 년에 성묘는 3회 하는 것이 보통이다. 즉, '오봉'과 '춘·추분'이다.

관혼상제로 집안의 기둥이 휘청거리는 우리도 이제 다시 한번 깊이 생각해 볼 때다.

13.
자꾸바란(ざっくばらん, 솔직하고 숨김없음)

　일본인들, 특히 교토나 오사카 근처의 간사이(關西) 지방 사람들은 '자꾸바란'이라는 말을 매우 좋아한다. 이를 구태여 번역한다면 '원만함', '두리뭉실', '모가 나지 않음' 등으로 가능할 것이다. 그 어원은 '시카쿠 바라누(四角張らぬ)'라 하여, 즉 '4각이 지지 않은 것'이라고 보면 된다.

　이 '자꾸바란'을 일본인들은 '야마토 고코로(大和心)'라 하여 일본인 본연의 마음이라고 한다. 이는 에도시대 중기 국학자들에 의해서 연구된 것으로, 당시 유입된 중국의 유교나 불교 등은 인간의 마음에 의해서 만들어진 것이기 때문에 지나치게 논리적이고 이성적이지만, 야마토 고코로(大和心)는 인위적인 것이 아니라 자연적으로 생성된 것이기 때문에 이성적이지 않고 둥글둥글하며 모가 나지 않은 것이라고 한다.

　모가 나지 않은 상태에서 '자꾸바란'으로 들어가면 상대방과 마음을 탁 터놓고 숨김없이 얘기할 수 있게 되고 서로를 신뢰할 수 있게 된다는 것이다.

　이게 바로 일본인들 본연의 마음인 '자꾸바란'으로 지금도 일본 사회 곳곳에 남아 있음을 볼 수 있다. 봄철의 입사 시험에서는 공부를 잘하고 사리 분별이 뚜렷한 명문대 출신보다는 좀 못난 듯하며 모가 나지 않은 원만한 사람을 채용한다고 한다. 일본인들은 확실히 모가 나는 것을 제일 싫어한다. 만약 한 집단에 모든 면에서 특출난 사람이 있다면, 다른 사람들이 가만두지 않는다는 것이다. 어떻게 해서든지 그 특출난 사람을 집단의 보통 사람들과 똑같은 수준으로 끌어내리고 만다는 것이다.

이는 자연 그대로 교제한다면 반드시 서로 마음이 통한다는 일본인들의 의식의 발로라고 한다. 일본인들은 무척 낙관적인 사상이라고 하며 '야마토 고코로(大和心)'를 자랑하고 있지만, 신이 아닌 이상 그 잘못된 적용이 엄청난 결과를 초래했음을 그들은 잘 모르고 있는 것 같다.

제2차 세계대전 당시 '가미카제(神風)'라는 인간 폭탄으로 미군을 공격했던 것, 그 하나만 보더라도 '야마토 고코로(大和心)'가 낙관적이고 자연 그대로의 것이 아님을 알 수 있다. 귀중한 젊은 이들의 생명을 나라를 위한다는 구실로 빼앗는 게 '자꾸바란'이란 말인가! 이는 일본인들이 제일 싫어하는 모난 행동으로밖에 보이지 않는다. 세계의 그 누가 '가미카제' 특공대의 행동을 보고 원만하고 두리뭉실한 성격이라고 말할 수 있을까?

일본인들은 한 사람씩 만나보면 확실히 약하고 친절하며 싹싹하다는 것을 느낄 수 있다. 무척이나 평화로움을 느낄 수 있다.

그러나 어떤 슬로건하에 일단 모이게 되면 개인의 능력이나 개성은 있을 수 없다. 전체 속에 개인은 매몰되어 버린다. 한 사람의 개체로 있을 때는 도저히 상상할 수도 없는 엄청난 일을 집단이라는 힘으로 거뜬히 해치워 버리고 만다. 이게 '자꾸바란'이라고 느껴지지만, 일본인들은 애써 감춘다.

　일본은 지금 '하시모토 류타로(橋本龍太郎)' 총리를 중심으로 더욱 보수 성향으로 회귀할 움직임을 보이고 있다. 소위 보(保)·보(保) 연합을 통한 헌법 개정의 추진 등이 그것이다. 다시 한번 재무장을 통하여 경제 대국에 걸맞은 명실공히 세계의 군사 대국을 꿈꾸는 것이다. 또다시 대동아 공영권을 주장하지 않는다고 누가 말할 수 있겠는가? 경계해야 할 일이다.

14.
벌레가 뱃속에 사는 일본인

일본인들은 감정이나 예감 등을 표현할 때, '무시(虫, 충)', 즉 벌레라는 말을 잘 사용한다.

예를 들어 보면, 자기중심적이고 얌체 같을 때는 "무시가 이이(虫がいい).", 어쩐지 무언가 예감이 든다고 할 때는 "무시가 시라세루(虫が知らせる).", 주는 것 없이 미울 때는 "무시가 스카나이(虫が好かない).", 기분이 언짢을 때는 "무시노 이도꼬로가 와루이(虫の居所が悪い).", 화를 억누를 때는 "무시오 코로스(虫を殺す)." 등으로 표현한다.

그러면 일본인들의 뱃속에는 정말 벌레가 사는 것일까?

회충 같은 기생충이 인간의 몸속에 기생하는 것은 일본인들뿐만이 아니다. 어느 나라나 똑같다. 그러나 여기서 말하는 '무시(虫)'는 문자 그대로 벌레를 말하지 않는다. 단지 일본인들은 마음속 깊은 곳에 말로 표현할 수 없는 무의식의 잠재의식이 있다고 믿는다. 이 무의식의 세계를 벌레라고 표현하는 것이다.

이 벌레가 뱃속에 가만히 있어야만 그 사람이 평화로운 것이다.

만일 이 벌레가 요동치거나 일어날 때는 걷잡을 수 없는 감정의 복받침으로 무슨 일을 저지르고 만다. 그래서 일본인들은 언제나 벌레를 조용히 잠재우며 살아가고 있다. 좀처럼 얼굴에 감정 표현을 드러내지 않는 것도 이 때문이다. 그러므로 일본인들과 사귈 때는 벌레를 건드리지 않도록 각별히 주의하지 않으면 안 된다.

'무시(虫)'라는 말을 우리말로 어떻게 번역하면 좋을까 하고 곰곰이 생각해 보니 마땅한 말이 없다.

구태여 번역한다면 '감정', '기분', '신경질', '예감' 등으로 가능할 것이다.

일본인들이 뱃속에 있는 '무시(虫)'를 다스리고 억누르는 것은 평소에 개인보다 집단을 의식하는 그들의 생활과도 관계되어 있다.

집단의 어떤 목적을 위해서는 개인의 '무시(虫)'가 일어나는 것을 억누르지 않으면 안 되기 때문이다. 일본인들이 참을성이 많다고 하는 것은 이 '무시(虫)'를 언제나 억누르고 살기 때문이다. 그래서 일본인들은 외형적으로는 좀처럼 자신의 감정 표현을 하지 않고 언제나 싹싹하고 상냥한 것처럼 보인다.

그러나 자신의 감정을 억누르는 그 뱃속에는 언제나 '무시'가 꿈틀거리고 있음을 똑바로 알아야 할 것이다.

15.
인생의례(人生儀禮)

　일본에 살다 보면 먹는 것, 인사하는 것 등 모든 생활 자체가 하나의 의식(儀式)마냥 느껴질 때가 있다. 그만큼 일본은 모든 것을 의식화(儀式化)하고 있다. 일본인들은 태어나면서부터 죽을 때까지 그들이 정한 의례에 따라서 순서를 밟는다.

　먼저, 임신 5개월이 되면 무사히 분만할 수 있도록 신사(神社)에 가서 기원을 드린다. 아이가 태어나서 31일, 35일째가 되면 어머니가 어린이를 데리고 신사 참배를 하며 '나까마(仲間, 마을의 구성원)'가 되었음을 고한다.

　그리고 100일째 되는 날에는 처음으로 젖을 떼기 위해서 이유식을 먹이는데 이를 '오타베하지매(お食初)'라고 한다.

　3세, 5세, 7세 때는 '칠오삼제(七五三祭)'라 하여 신사에 가서 건강과 입신양명을 기원하며 이때 처음으로 마을의 '코도모까이(子供會, 어린이회)'에 참가한다.

　15세가 되면 청년회에 들어가 마을의 경찰·소방 업무를 담당하고 선배들로부터 여러 가지 교육을 받는다.

　여자의 경우는 19세, 남자의 경우는 25세 때에 액년(厄年)이 찾아온다고 하여 신사에 가서 액땜해야 한다.

여자는 결혼과 동시에 부인회에 가입한다.

두 번째 액년(厄年)은 여자의 경우 33세, 남자의 경우 35세이다.

남자 나이 35세가 되면 '넨쵸가시라(年長頭)'라고 하여 청년회의 고문이 되고, 36세가 되면 '츄로까이(中老會)'에 가입하여 마을의 이런저런 행사에 주도적으로 참여한다.

37세 때는 '토야(當家, 當屋, 頭家, 頭屋)'라 하여 '진쟈 마츠리(신사 축제)'의 당번이 되어 '마츠리(축제)'를 주재한다.

42세로 마지막 액년(厄年)이 끝나고, 60세가 되면 '칸래끼(還曆)'라 하여 우리와 같은 회갑 잔치를 하며 이때부터 노인회에 가입하게 된다.

사람이 죽으면 '넴부쯔코오(念佛講)'라 하여 절의 스님이 와서 왕생극락을 기원해 주고 화장을 한다. 우리는 요즘 보통 삼일장을 지내지만, 일본은 죽은 다음 날 바로 장례를 치른다. 화장은 질병 예방 등을 목적으로 에도시대부터 시작됐으나 그 이전에는 우리처럼 매장 풍습이었다.

장례 후 여자는 35일째, 남자는 49일째 되는 날에 처음으로 재(齋)를 올리고, 대체로 1회부터 100회까지 재를 지낸다고 한다. 그러나 요즘은 대개 사망 후 30년 정도면 제사가 모두 끝난다고 한다.

30년쯤 지나면 망인을 아는 친·인척 등의 지인이 지구상에는 더 이상 없기 때문이다.

의식(儀式)으로 시작해서 의식(儀式)으로 끝나는 일본의 사회!

문명이 발달한 현대에도 아직도 그 관습이 그대로 유지되는 비결은 무엇일까?

16.
나라(奈良)

일본의 역사는 '조몬(縄文)', '나라(奈良)', '헤이안(平安)', '가마쿠라(鎌倉)', '무로마치(室町)', '에도(江戶)', '다이쇼(大正)'와 '쇼와(昭和)' 그리고 지금의 '헤이세이(平世)시대'로 구분된다.

'조몬시대'는 역사 기록이 없어서 실질적인 일본 역사시대는 '나라시대'부터라고 할 수 있다. '나라시대'는 정식으로 국가의 개념이 형성되고 일본의 수도를 '나라'에 정한 것으로부터 시작된다.

나라는 710년부터 784년까지 약 70여 년 동안 일본의 정치·경제·사회·문화의 중심이었다. 이는 우리의 통일신라시대에 해당하는 것으로 사회의 지배 계층은 백제의 유민이나 신라로부터 이주한 사람들이었다.

우리나라의 혹자는 '나라'라는 지명도 우리말의 '국가'를 뜻하는 순수한 '나라'에서 생긴 말이라고 하나, 일본인들은 이를 부정한다.

『일본서기』에 의하면 백제 멸망 후 20여만 명이 배를 이용하여 '나라'로 망명했다고 하니 당시로서는 어마어마한 인구의 대이동이 아닐 수 없다. 이때는 한반도로부터 한자나 불교 등이 일본에 전수되고, 일본이 소위 문명의 눈을 뜨기 시작했다고 볼 수 있다.

고구려의 담징이 일본의 '성덕 태자(聖德太子, 쇼토꾸 타이시)'의 스승이 되고, 성덕 태자는 새로운 국법을 세우고 불교를 국교로 발전시킨 장본인이 된다. 일본에서 가장 오래된 '호류지(法隆寺, 법륭사)'에 가면 담징이 그렸다는 '금당의 벽화'가 남아 있으나, 진품은 화재로 소실되어 다시 복원한 것이라고 한다. 참으로 애석한 일이다.

지금도 '나라'에는 많은 명승 고찰이 남아 있다. 또한, 사슴으로도 유명한 곳이 바로 '나라 공원'이다.

'긴테쓰(近鐵)'의 '나라' 전차 역에 내리면 역 앞에서 유유히 걷는 사슴 떼들을 쉽게 볼 수 있다. 전차 역부터 '도다이지(東大寺, 동대사)'에 이르는 길은 사슴 목장이라고 해도 좋다. 이곳에 '나라'의 대다수의 문화재가 집중되어 있다. '도다이지' 앞의 넓은 광장을 '나라 공원(奈良公園, 나라 코오엔)'이라고 하는데 일 년 내내 관광객들의 발길이 끊이지 않는다.

'도다이지' 뒤편으로는 신라 장적이 발견되었다는 쇼소인(正倉院, 정창원)이 있고, 이곳에서 동쪽으로 좀 더 가면 니가쓰도(二月堂, 이월당)가 나온다. 니가쓰도(二月堂)에 오르면 '나라' 시내가 한눈에 들어온다. 모두 '도다이지'의 부속 건물이다.

'도다이지' 본당에는 대불(大佛)이 있어 참배객들이 늘 줄을 선다.

'나라'를 한 바퀴 둘러보면 1,200여 년 전의 우리의 선조인 백제인, 신라인들이 여기저기서 뛰어나올 것만 같은 착각이 든다. 신라의 나·당 연합군이 없었다면, 아니면 백제가 삼국을 통일했다면 지금의 일본은 어떤 역사를 밟아 왔을까 생각해 본다.

'나라'에 가면 꼭 백제나 신라의 고대 삼국시대로 되돌아간 듯
한 느낌이 드는 것은 왜일까?

17.
일본의 정좌(正坐)

일본인들은 우리와 같이 입식이 아닌 좌식 생활에 익숙하다.

집을 방문하면 여주인이 달려 나와 마루 끝에 무릎을 꿇고 앉아 두 손을 앞으로 나란히 모으고 이마를 마루에 닿을 정도로 고개를 숙여 인사하며 손님을 맞이한다. 요즘에는 많이 줄어들었지만, 얼마 전까지만 해도 남편의 출퇴근 때는 늘 그래 왔단다. 명절 때 우리가 웃어른께 하는 인사와 흡사 똑같다.

그러나 일본의 정좌는 우리와 크게 다르다.

우리의 큰절은 남녀의 구별이 확실하지만, 일본의 정좌 인사는 남녀 모두 똑같은 방법으로 한다. 우리나라의 경우는 큰절이 끝나면 웃어른의 지시에 따라 정좌, 즉 양반 자세인 가부좌와 같은 앉음새를 취하나, 일본의 경우는 다르다. 무릎을 꿇고 두 손을 양쪽으로 벌려서 고개를 숙이고 인사하는 게 큰절이다. 양 무릎을 꿇고 계속 앉아 있어야만 한다. 그게 정좌다. 예전의 우리의 상놈 자세라고 하는 앉음새 그대로이다.

일본도 에도시대 이전에는 우리처럼 양반 자세가 정좌였으나, 막부의 쇼군의 지시에 따라서 지금의 자세로 바뀌었다고 한다. 식사할 때나 상대방과 얘기할 때도 무릎을 꿇고 앉아있는 일본의 정좌는 확실히 생활화되어 있다. 남녀 모두 양복을 입거나 기모노를 입고도 똑같은 정좌를 취하지 않으면 안 된다.

우리의 큰절 하면 일반적으로 자신보다 윗사람, 즉 부모나 백·숙부·선생 등에게 하며 아랫사람에게는 하지 않는 것으로 되어 있다.

그러나 일본의 경우는 그렇지 않다.

아내가 남편에게 그러한 것은 동양권의 유교적 사고에 의해서 그렇다고 하지만, 남편이 아내에게 정좌로 인사하는 경우도 TV에서 이따금 볼 수 있다. 가령, 남편이 무엇인가를 잘못하여 아내에게 용서를 구할 경우가 그렇다. 이 뿐만 아니라, 어머니가 자식에게까지 이런 식으로 무언가를 부탁하는 경우도 있다. 하기야 에도시대 때 그 무한한 권력자인 쇼군도 부하에게 정좌하며 머리 숙여 인사하는 경우도 있었다.

우리나라 사람들은 이러한 일본의 정좌를 보고 옛날 조선시대 때 상놈의 앉음새라고 우쭐댈지도 모른다. 그러나 이는 일본의 문화를 제대로 보지 못한 데서 오는 오해이다.

일본의 정좌는 우리의 사고로는 좀처럼 이해하기 어려울지 모르나 일본인들은 이게 완전히 몸에 배어 있다. 다시 말해서 정좌 인사는 분위기를 쇄신하여 상대방에게 무언가를 간절히 부탁할 때 자주 사용된다.

집안에 며느리가 들어오면 시부모가 무릎을 꿇고 고개를 깊숙이 숙여서 잘 부탁한다고 인사하는 경우가 그 대표적인 경우일 것이다. 정좌 인사는 꼭 상대방의 신분이 나보다 높을 때만 하는 것이 아니라는 것을 알 수 있다. 즉, 상대방 신분·지위의 높고 낮음과는 무관한 것이다.

이런 일본의 정좌 인사를 볼 때면 두 가지가 생각난다.

첫째, 일본인들의 상대방 존중 사상이다. 남녀노소, 지위 고하를 막론하고 무릎을 꿇을 수 있다는 것은 공동체 테두리 안에서 함께 살아가는 데 절대적으로 필요했던 것으로 보인다. 나보다는 상대방의 입장에 서서 생각해 준다는 인간 존중 사상의 발로가 아닐까 하고 생각해 본다.

반면에 일본의 정좌 인사를 보면 이들의 비굴함을 보는 듯한 생각도 든다. 자신이 어떤 이익이나 실리를 추구하거나 자신이 곤궁한 상황에 처할 때는 태도를 돌변해 머리를 조아림으로써 상대방의 환심을 사려고 하는 얄팍한 속셈을 보는 듯해서 조금은 언짢은 마음도 든다.

약자는 무자비하게 밟아 버리고 자신보다 조금이라도 강한 자에게는 비굴할 정도로 고개를 숙이는 이중성이 여기에 내포되어 있지 않나 여겨진다.

또한, 일본인들은 혼네(本音, 본심)와 타떼마에(建前, 표면상의 방침, 가식)가 확실히 구분된다고 하듯이, 설령 상대방이 무릎을 꿇고 인사한다고 해서 '내게 머리를 조아리겠다고 하는 의식이구나!'라고 생각해서는 절대 안 된다. 자신의 목적을 관철하기 위해서는 일시적인 치욕 정도는 감수한다는 것이다. 고개는 숙이고 있지만, 보이지 않는 마음속으로는 상대방을 제압하고 있다는 희열을 맛보고 있을지도 모른다.

하기야 예로부터 '인사'라는 것은 상대방을 존중한다는 것, 더 솔직히 말해서는 상대방을 공격하지 않겠다는 데서 시작됐다고 한다면 일본인들의 정좌도 이해할 수 있을 것이다.

일본인들의 정좌가 우리와 다르고 비굴하게 비춰진 면도 없지 않아 있지만, 입식 생활로 바뀐 오늘날에도 변함없이 몸에 배어 생활화되어 있는 모습을 보니 옛것을 간직하려는 깊은 마음을 보는 듯해서 한없이 부러울 뿐이다.

명절이나 제사 결혼식 때 폐백 말고는 언제 우리가 큰절을 할 수 있겠는가! 부끄러운 생각도 든다. 물론 이런 생각도 우리의 일부에 해당하겠지만….

18.
보(保)·보(保) 연합(連合)

일본의 집권 내각은 자민당이다. 그러나 의석수가 과반수를 넘지 못해서 사민당, 사끼가께(先驅け)의 소수당과 연합해서 내각을 구성해 왔다.

제1야당인 신진당과 공산당은 각외 야당으로 남아 있다.

그러나 1997년 5월 14일 자로 오키나와 미군 주둔지 토지 사용 기간이 종료됨에 따라 미·일 안보 조약 준수를 위한 법 개정에 지금까지 적대 관계였던 자민당과 신진당 당수가 손을 잡았다고 한다. 신진당은 제1야당이지만, 본래는 자민당에 뿌리를 둔 극보수 세력이다.

지금의 일본 정가는 이 두 보수당이 연합하고 사민당과 사끼가께가 내각에서 밀려나는가 하는 정계 개편에 집중되어 있다. 만일, 이 두 정당이 손을 잡는 경우 일본은 다시 한번 국수주의로 흐를 움직임을 보이기 때문에 경계하지 않을 수 없는 일이다. 소위 보·보 연합이 추진할 여러 정책 중에서 제일 우려되는 것은 헌법 개정에 의한 일본의 재무장일 것이다. 일본우 헌법에 세계 평화주의를 표방하여 군대를 두지 않기로 되어 있다. 그러나 이 헌법은 미 군정하에서 제정된 것으로 이에 관한 개정론이 끊임

없이 대두되는 것이 현실이다. 엄청난 경제적 부에 최첨단 과학을 겸비한 일본이 군대를 창설할 경우 동북아의 세력 균형에 커다란 지각 변동을 초래하고 일본이 신군국주의로 흐르지 않을까 걱정이 된다.

일본의 태도를 계속 주시하고 이에 대한 대책을 정부 차원에서도 수립해야 하지 않을까 생각해 본다.

일본의 보수 세력은 대동아 공영의 꿈을 아직도 버리지 못하고 있으니 말이다.

19.
세금(稅金)

일본의 세금 구조는 크게 두 가지로 나뉜다. '우찌제(內稅, 내세)' 와 '소또제(外稅, 외세)'가 그것이다. '우찌제'는 우리의 간접세에, '소또제'는 직접세에 해당한다.

담배·술·보석 등에는 '우찌제'라 하여 물건값에 이미 세금이 포함되어 있고 그 밖의 대부분의 물품에는 '소또제'라 하여 물건을 살 때마다 5%씩 가산되는 소비세가 붙는다. 금년 4월 이전의 약 10년간 소비세는 3%였으나 4월부터 5%로 올랐다. 우리의 세금 구조와는 판이하다. 만일 100엔짜리 껌을 하나 산다면 여기에 5%의 소비세를 포함해 모두 105엔을 지불해야 한다. 그러므로 물건을 살 때 가격표만 보고서 계산했다가는 낭패를 당할 수도 있다.

선진국일수록 직접세의 비율이 높다는 말이 있다. 직접세는 그만큼 부의 분배가 공평하게 이루어질 수 있다는 것이다. 즉, 물건을 많이 사는 만큼 세금을 많이 물림으로써 가진 자가 세금을 더 많이 내게 된다는 논리이다. 그러나 빈민층은 상대적으로 똑같이 적용되는 5%의 소비세로 부담이 큰 것도 사실이다. 어떤 물건을 사든, 식당이나 호텔을 이용하든, 영화관을 이용하더라도 반드시 이 소비세가 붙어 다닌다.

'우찌제'의 경우는 그리 많지 않기 때문에 대다수의 상품 곁에 '소비세 포함'이라고 적혀 있다.

10년 만의 2%의 소비세 상승에도 불구하고 일본은 대체로 조용하다. 2, 3월에 일본 공산당을 중심으로 한 몇몇 단체나 사람들이 소비세 상승 반대 운동을 조용히 벌인 것 이외에는 이렇다 할 저항도 없었다.

물론 개인별로는 소비세 상승으로 인해서 생활이 더 어렵게 됐다거나 여행이 어렵다는 것을 말하기도 하지만, 정부의 정책에 정면으로 대항하는 사람은 거의 없다.

그저 순응할 뿐으로 보인다. 역시 일본인들의 단체성을 보는 듯하다.

물론 우리의 경우와 비슷한 '사재기(買いだめ, 카이다메)'가 4월 1일 이전까지 상당히 있었던 것은 사실이다. 그러나 그렇게 요란하지도 않았다.

일본인들은 세금이란 결국은 자신에게 어떤 형태로든지 되돌아온다고 믿고 있다. 사실 그렇다. 정부의 각종 복지 시책이나 투자는 국민의 몫일 테니 말이다. 이번 소비세 인상의 직접적인 원인도 국민연금의 재원이 부족하다는 데서 출발한 것을 보면 더욱더 그렇다.

이에 비해 우리의 세금 구조는 간접세의 비율이 너무 높고 원천 징수로 인해 월급쟁이만 세금을 많이 낸다는 말이 있다. 수입이 많은 소위 사장 족속들은 이런저런 수단을 동원하여 탈세에 앞장서고 있으니 그럴 만도 하다. 이제 어느 정도 선진국의 문턱에 선 우리로서도 부의 분배에도 신경을 써야 할 때라고 본다.

20.
카미상(神樣, 신)

우리의 아무개 '씨'에 해당하는 일본어가 '상(さん)'이다. 이보다 더 존경의 의미로는 '사마(樣)'라는 말을 붙인다.

그러나 일본인들과 함께 생활하다 보면 사람에게만 존경의 접미사 '상'을 붙이는 게 아니라 동·식물이나 신에게까지 사용하는 것을 알 수 있다. 즉, 호랑이는 '토라상', 물고기는 '사카나상' 그리고 신은 '카미상'이라고 부른다. 이는 경칭의 의미였던 '상'이 요즘에는 상대방과 허물없이 친하다는 것을 나타내는 말로 변해버린 것이다. 다시 말해서 친한 동료(나까마) 의식을 나타내는 호칭이 된 것이다.

그러면 일본인들은 왜 모든 동·식물, 먹을 것, 신에게까지 '상'이라는 접미사를 붙이게 됐을까? 이는 일본인들의 소심한 마음에서 그 근원을 찾을 수 있다. 인간을 둘러싸고 있는 주위 환경에 대하여 무의식적으로 공포감을 느끼게 되자 '상'이라는 친밀감 있는 말을 붙여서 마음의 안정을 찾은 것이다. 이는 일본인들의 약한 마음, 즉 겁이 많은 탓도 있겠지만, 무엇보다도 적을 만들지 않으려는 일본인들의 소심한 혹은 사려 깊은 마음 때문임을 알 수 있다. 가능하면 상대방의 기분을 상하지 않도록 하고 더 나아가서는 그 상대방을 자신의 집단에 끌어들이려 하는 데 있는 것이다.

실제로 일본인들을 개별적으로 만나 보면 그렇게 친절할 수 없다.

일본인들은 선천적으로 상대방의 기분을 상하게 하거나, 원한을 사거나, 화나게 하는 것을 매우 번거로운 일 또는 귀찮은 일로 여기기 때문에 이런 일을 피하고 싶은 마음에서 친절을 보이고 '상'이라는 접미사를 붙이게 됐다는 것이다.

일례로, 앞서가는 자동차가 출발이 늦거나 딴전을 피우고 있다면 우리의 경우는 클랙슨을 울리고 야단법석을 떠는 경우가 있지만, 일본인들은 거의 그런 법이 없다. 우리처럼 할 경우 상대방이 시비를 걸어오면 귀찮을 뿐만 아니라 자칫 잘못하면 싸움으로까지 비화될지 모르기 때문에 상대방이 어떻게 나오든 자신이 옆길로 아무 말 없이 피해 가면 그만이라는 것이다.

이러한 생각에서 일본인들은 비인격체까지 '상'을 붙이고 약자의 입장에서 신에 대해서까지 '상'을 붙이며 더 나아가 신마저 자기편으로 끌어들이려고 한다는 것이다.

일본의 속담 중에 "사와라누 카미니 타따리 나시(さわらぬ神にたたりなし)."라는 말이 있다. 즉, "건드리지 않은 신은 탈이 없다."라는 말이다. 이런 경우를 두고 일본인들은 "무테카쯔류(無手勝流)."라고 한다. 즉 '싸우지 않고 이긴다'라는 뜻이다. 물론 이 '무테카쯔류'는 자신이 상대방보다 더 힘이 강한 경우를 예로 든 것이다.

자신이 상대방보다 힘이 약할 때는 '무테카쯔류'가 있을 수 없기 때문이다.

이유야 어떻든지 '상'이라는 말을 붙여서 상대방의 기분을 상하지 않게 하고 귀찮은 일을 당하지 않으려는 이 마음을 두고 우리는 가끔 "일본인들은 싹싹하고 친절하다."라고 말하곤 한다. 허나 사실은 그들의 진실이 아님을 알 수 있다. 겉과 속이 다름을 분명히 알 수 있다.

여기서도 혼네(본심)와 타떼마에(겉모습)가 공존하고 있음을 본다.

화가 날 경우에는 화도 내고 슬플 때는 눈물도 흘리고 하는 것이 인간의 본질 아닐까? 이를 감추고 마음속으로는 다른 생각을 하는 일본인들은 그래서 가까이하기 어려운가 보다.

21.
코또다마(言靈, 말에 내재한 영력)

성경의 첫 구절을 읽어 보면 "태초에 하나님의 말씀이 있었다."라는 말이 있다. 여기서 '말씀'이라는 것은 '로고스', 즉 이성(理性)을 가리킨다고 한다. 우리가 일상적으로 사용하는 단순한 언어가 아니라 말씀이 곧 신인 하나님이라는 것이다.

이와 같은 생각을 하는 사람들이 일본인이다. 일본인들은 '말(言)'에도 영혼이 있다고 믿고 있다. 이를 '코또다마(言靈)'라고 한다. 말에 영혼이 있어서 말의 사용을 조심스럽게 하지 않으면 안 된다고 믿고 있다. 그 때문에 일본인들은 우리 못지않게 작명(作名)에 신경을 쓰는 것을 볼 수 있다. 옛날 귀족층의 일본인들은 자신의 진짜 이름은 감추고 거짓 이름, 즉 가명이나 애칭 등을 사용하는 경우가 있었다고 한다. 자신의 존귀한 이름에는 영혼이 담겨 있기에 함부로 부르면 부정을 탄다는 것이다.

말(言)에 영혼이 있다고 믿는 일본인들은 눈에 보이는 삼라만상의 모든 것에 영혼이 있다고 믿고 있다. 교실의 칠판이나 책상, 집 안의 방 안, 그릇, 거리의 신호등, 나무, 돌멩이 등 존재하는 모든 것에는 영혼이 있다는 것이다.

그래서 일본에서는 교통사고로 사람이 죽은 현장에 예쁜 꽃을 놓아두는 것을 자주 볼 수 있다. 사고 현장에도 영혼이 있다고 믿고 있기 때문이다.

산속을 거닐어 보면 돌멩이에 옷을 입혀 놓고 고목 등걸에 새끼줄을 둘러놓고 숭배한 흔적도 자주 볼 수 있다.

확실히 일본인들은 영혼 숭배 사상이 특이하다. 이러한 숭배 의식은 불교의 영향 탓인지 언제나 합장배례로 시작해서 합장배례로 끝난다.

대다수의 일본 사람은 식사나 음식을 먹기 전에 반드시 합장을 한다.

기독교인들이 간단히 기도하고 음식을 먹는 것과 비슷한 모습이다.

그러나 기독교인들의 기도는 음식을 주신 하나님께 드리는 감사의 기도이지만, 일본인들은 음식에 담겨 있는 영혼에 대한 기도로 그 내용에서 현격한 차이가 있다.

이런 범신론적인 사고의 발상 때문인지는 모르지만, 일본은 어디를 가도 새끼줄이나 창호지로 이상한 모양을 장식한 모습, 즉 우리의 서낭당과 같은 미신적인 모습을 자주 볼 수 있고 집 앞의 문지방이나 부근에 소금 등을 접시에 담아 놓은 모습도 자주 눈에 띈다. 소금은 예로부터 부정을 방지하는 것으로 믿어져 왔기 때문이다.

말에 영혼이 담겨 있다고 믿는 일본인들은 그래서 매사에 신중하지 않을 수 없고 상대방의 기분을 상하게 하는 말은 좀처럼 하지 않는 게 체질화되어 있다.

22.
무라하치부(村八分, 따돌림)

일본은 중·고교생은 말할 것도 없고 초등학생마저 친구들에게 '이지매'를 당하여 자살했다는 기사가 자주 언론에 오르내린다.

'이지매'는 학교에서뿐만 아니라 회사나 학교의 교직원 사이에서도 빈번하다고 하니, 일본의 조직사회는 이지매 문화라 해도 과언이 아닌 것 같다. '이지매'는 동료들을 따돌려 또래 집단에 받아들이지 않는 소극적인 것과 짓궂고 못살게 괴롭히는 적극적인 것이 있다. 언젠가 TV에서 회사 사장의 부인이 남편을 돕기 위해 현장에 참여하여 직원들과 함께 일하는 데도 사장 부인을 이지매하는 장면이 나온 적이 있다.

확실히 이지매는 일본사회의 병폐이며 심각한 문제이지만, 해결에는 뾰쪽한 방법이 없는 것 같다. 왜일까?

일본의 '이지매'는 그 뿌리가 상당히 깊은 게 사실이다.

외부 세계와 차단된 섬나라에서 살다 보니 죄를 짓더라도 멀리 도망갈 수가 없고, 도망가더라도 언젠가는 붙잡히게 된다.

그러다 보니 지역이나 마을을 단위로 한 공동체에서 서로 사이 좋게 지내지 않고서는 배길 수 없는 문화가 형성된 것이다. 농촌사회의 한 전형이라고나 할까? 특히, 일본은 사면이 바다로 둘러싸여 있고 국토의 70%가 산지이지만, 일본인은 누구나 농경사회였다고 주저 없이 말한다.

농경사회는 마을 사람끼리 서로 돕지 않으면 혼자서 살아가기가 힘든 사회이다. 우리의 품앗이나 향약 같은 것만 봐도 이를 알 수 있다.

농촌사회의 일본에서 마을의 한 사람이 잘못을 저질러 인간으로서 도저히 용서받을 수 없을 때가 생기면 마을 사람들이 그 사람을 따돌린다. 즉, 마을 공동체의 행사에 참여시키지 않는다는 것이다.

예를 들면, 모내기, 벼 베기, 결혼 잔치, 마을 축제 등에 일체 참가할 수 없다. 그러나 아무리 나쁜 짓을 저질렀다고 해도 집안의 장례와 화재의 경우에는 마을 사람들이 과거를 묻지 않고 발 벗고 나서서 도와주었다고 한다. 장례와 화재란 인간사에서 가장 슬프고 감당하기 힘든 일이기 때문이다.

이처럼 마을의 행사, 즉 10가지 행사 중에서 8가지는 참가시키지 않고 2가지만 특별히 허용해 참가토록 한 것을 '무라하치부(村八分)'라고 한다.

참으로 참고 견디기 힘든 공동사회의 규범이었다는 생각이 든다.

그래서 마을 사람들은 '무라하치부'를 당하지 않기 위해 노력하지 않을 수 없었다고 한다.

이 '무라하치부'가 발전하여 오늘날에는 '이지매'라는 것으로 변질되어 버렸다는 것이다. '이지매' 역시 공동체사회에서 단체 생활을 하는 조직에 필요악이었던 것 같다.

개인의 어떤 재능이나 자격보다는 장(場)을 중요시하는 일본인 특유의 공동체 의식의 발로인 것이다. 일본 속담에도 "모난 돌이 정 맞는다."라는 말이 있다. 못난 사람이나 자기밖에 모르는 사람은 '무라하치부'나 '이지매'를 당할 수밖에 없다. 그래서 둥글둥글하고 원만하게 되지 않으면 안 된다는 것이다. 재능이 특출난 사람이 있다면 어느샌가 끌어 당겨져 모두 똑같은 상태로 된다는 것이다.

23.
테슈칸빠꾸(亭主關白, 폭군 같은 남편)

　일본의 여성들은 세계 그 어느 나라의 여성보다도 상냥하고 싹싹하다는 말이 있다. 그래서 결혼 상대로는 일본 여성이 좋다고 한다.

　남편의 출퇴근 시에는 툇마루에 꿇어앉아 고개를 조아리며 큰 절로 인사하며 남편의 그 어떤 행동에도 불평 한마디 없는 부드럽고 애교 만점의 일본 여성. 이 일본 여성이야말로 과연 우리 남성들이 생각하는 이상형의 여자일까?

　일본은 예로부터 사무라이 문화였던 탓에 남편은 집에서 폭군으로 군림해 왔다. 이런 폭군 같은 남편을 일컫는 말로 '테슈칸빠꾸(亭主關白)'라는 말이 있다. '테슈(亭主)'는 남편을, '칸빠꾸(關白)'는 천황 다음의 제2인자로 막부시대의 쇼군(將軍)을 말한다. 그러나 실질적으로는 천황보다 더 많은 권한을 행사한 최고 권력자였다.

　왜 일본 여성들은 남편을 '테슈칸빠꾸(亭主關白)'라고 했을까?

　남편들은 일단 집에 들어오면 손가락 하나 까딱하는 법이 없다.

　모든 것을 아내에게 지시하고 아내는 남편의 지시에 따라서 움직이는 꼭두각시에 불과하다. 호령하는 남편은 곧 쇼군(將軍)이나 다름없다는 것이다.

　이러한 부부 관계가 오래도록 유지되어 왔으나 최근에는 세월의 흐름에 따라서 일본도 변할 수밖에 없다. 여성들의 입김이 강해진 것이다.

　더 이상 일본사회는 이런 폭군 남편을 용납하지 않고 있다.

　여성들의 사회 참여 증가와 의식의 변화 등이 남녀평등을 만들고 있다.

　한때 방충제 선전의 CM 송 중에 "테슈겡끼데 루스가 이이(亭主元氣で留守がいい)."라는 문구가 있었다. 이 선전 문구는 일시에 일본 전 지역을 강타하여 지금까지 유행어로 남아 있다. 번역하면 "남편은 건강하되, 부재중이 좋다."라는 것이다.

　일본 여성들의 남편에 대한 불만을 한마디로 축약한 것이다. 지금은 이 단계를 넘어서서 그동안 남편의 폭언을 참고 견디어 왔던 5~60대 이상 여성들의 이혼율이 급증하고 있다. 이들이 왜 하루라도 빨리 이혼하지 않고 노년기에 접어들면 이혼하느냐고 물으면 그 답은 간단하다.

　지금까지 남편의 일방적인 폭행을 참을 수밖에 없었던 것은 자녀 때문이었다는 것이다.

　이 자녀들이 성장하고 남편이 회사를 정년퇴직하여 연금 수령이 가능할 무렵이면, 그동안 '여보', '당신'이라고 부르던 아내가 어느 날 갑자기 무릎을 꿇고 두 손을 모아 머리를 조아리며 "○○상, 나가이아이다 오세와니 나리마시따(○○さん, 長い間お世話になり

ました. 오랫동안 신세 많이 졌습니다)."라고 하면 이게 곧 이혼을 말하는 것이라고 한다. 이는 남편의 연금을 반분하고 자녀들도 성장해 큰 문제 없이 이혼하고 혼자서 노년을 자유로이 지내겠다는 것이다. '테슈칸빠꾸'에서 너무나 크게 변해버린 일본사회의 한 단면이다.

이와 달리 요즘 젊은 층에서는 '테슈칸빠꾸'와 맞서는 '카까텐까(かかあ天下)' 현상이 보인다고 한다. 이를 우리말로 번역한다면 '엄처시하'라고나 할까? 여자에게 늘 기죽어 사는 불쌍하고 힘없는 남편을 일컫는다. 가사, 육아는 물론 돈벌이마저 책임져야 하는 불쌍한 일본 남성이 점점 많아지고 있다는 것이다.

인간의 역사는 늘 극과 극의 양단이 서로 당기고 밀면서 달려왔다.

적당한 중도는 늘 핍박을 받아 왔다. 이것이냐, 저것이냐 하는 흑백논리에 의해 이합집산이 반복돼 왔다. 남녀평등의 원리를 이에 비추어 보면 과연 실현 가능할까 하는 의심이 들 수밖에 없다. 진정한 남녀평등이란 남녀 모두 하나의 인격체로서 남자는 남자로서, 여자는 여자로서의 역할을 다 하는 것이 아닐까?

24.
부부(夫婦) 별성(別姓)

내가 어렸을 때 늘 마음 한구석에 의심이 갔던 것은 '왜 모든 식구의 성(姓)이 똑같은데 어머니만은 다를까?' 하는 것이었다. 중학교에 들어가서 영어를 배우면서 'Mr. Kim', 'Mrs. Kim' 등을 배울 때는 그 의구심이 더 강해졌다. 지금도 우리 가정은 그렇다. 나를 비롯해 모두가 김(金) 씨이지만, 아내만은 오(吳) 씨 성이다. 우리 애들도 이 문제를 들어서 제 엄마를 놀리는 경우가 종종 있다. 어떤 날에는 우리 아들 지현이가 "자, 김 씨끼리만 밥 먹으러 갑시다."라고 농담을 던졌을 때 아내가 내심 서운한 마음을 갖고 있음을 느꼈다.

일본이나 서양 사람들은 결혼하여 가정을 이루면 남편의 성(姓)에 따라 일가족이 형성되는데 우리는 왜 여자만 친정의 성을 그대로 사용할까? 우리도 서양처럼 '일가족은 모두 같은 성을 사용하면 안 될까?' 하는 생각이다.

그러나 부부 동성을 사용해 온 일본에서는 최근 부부 별성을 주장하는 목소리가 높다. 일본 민법은 "결혼하면 남편 또는 아내의 성을 사용한다."라고 「민법」 제750조에 규정하고 있다. 하지만 98% 이상이 남편의 성을 사용하고 있다는 통계가 나왔다. 아내의 성을 사용하는 경우는 특별한 경우, 예를 들면 이혼하고 혼자 사는 홀어머니의 아들 등의 경우 이외에는 별로 없다고 한다.

세계적인 추세인 남녀평등 의식의 고양과 여성의 사회 진출의 배경 등에서는 여성이 결혼 후 사회활동을 계속할 경우 이름이 바뀌어서 불편하고 어떤 경우에는 불이익을 받는 경우도 있다고 한다. 최근 이런 이유로 일본의 여성 단체에서는 부부 별성을 관철하려 하고 있다.

일본의 경우, 여자의 성(姓) 씨 변화는 이렇다. 결혼 전에 '다나까 아사꼬(田中麻子)'라는 여자가 '하라다 히로유끼(原田廣行)'라는 남자와 결혼했다고 가정하면 결혼 후 '다나까 아사꼬'라는 이름은 '하라다 아사꼬(原田麻子)'로 바뀐다. 즉, 성(姓)만 바뀌고 이름은 그대로 가지고 간다.

1992년 12월경 일본 법무대신의 자문기관인 법제심의회가 부부 별성을 인정하는 의결을 기록한 중간보고를 제출함으로써 그 논의가 한층 활발해졌으며, 전국의 지방 가정 재판소·일본 변호사 연합회 등 관련 단체들이 제출한 의견에 따르면 "부부가 다른 성을 선택할 수 있도록 선택적 부부 별성 제도를 지지한다."라는 의견이 압도적으로 많았다고 한다.

약 78%가 부부 별성을, 22%가 동성을 주장하고 있다고 한다.

일본 여성 단체 등에서 부부 별성을 주장하는 이유를 집약해 보면 결혼 후에 성을 바꾸는 것은 인격권의 침해이며 남녀평등의 원칙에 합치하지 않고 제2차 세계대전 이전의 가족 제도로서,

생활 패턴이 다양화된 오늘날에는 부부 동성이 맞지 않는다는 것이다.

이에 반해, 부부 동성을 주장하는 이유로는 같은 성을 사용함으로써 부부의 연을 강하게 하고 더 나아가 부부와 자녀들과의 일체감을 조성하며 대외적으로 한 가족임을 알기 쉽게 하지만, 별성의 경우 자녀에게 누구의 성을 따를 것인가 하는 다툼이 발생하기 때문이라고 한다.

향후 일본의 부부 별성 운동을 지켜봐야겠지만, 예전부터 부부 별성을 사용해 온 우리 조상들의 사고가 얼마나 인격적이고 진취적이며 자유 민주주의 논리에 부합하는지 알 수 있지 않은가!

25.
부정(否定)의 표현(表現)

우리말의 "아니요."에 해당하는 일본어는 상당히 많다.

'이이에(いいえ)', '이야(いや)', '이나(否)', '소오데와 나이(そうではない)' 등이 모두 부정을 나타내나, 정확한 의미의 'NO'는 아니다.

여기서 우리가 일본인들과 교섭할 때 어려움이 있다.

일본인들은 일반적으로 단호하게 부정하는 것을 좋아하지 않는다. 즉, 딱 잘라서 부정함으로써 상대방의 감정을 상하게 하거나 입장을 난처하게 하는 것을 염려해서다.

그래서 일본의 판매 회사는 '세일즈는 거절당할 때 시작한다'라는 슬로건을 내세운다고 한다. 일본인들의 'NO'는 절대적인 'NO'가 아니라 언제라도 'YES'로 전환될 수 있는 여지를 내포하고 있기 때문이다.

우리사회에서 'YES'인지, 'NO'인지를 확실히 하지 않으면 회색분자로 낙인찍혀서 그 조직에서 매장되는 것과는 너무나 대조적인 모습이 아닐 수 없다.

일본인들은 상대방과 대화할 때 잘 경청하는 것이 습관화되어 있다.

상대방의 얘기를 들으면서 계속 고개를 끄덕이거나 "소오데스

네(そうですね, 그렇군요)." 등을 말하며 '맞장구(相づち, 아이즈찌)'를 친다. 그러기 때문에 이런 일본 문화를 잘 모르는 외국인은 상대방이 자기 의견에 동조하고 있다고 여기는 오류를 범하기 쉽다.

왜 일본인들은 확실한 대답을 회피하는 것일까?

이는 긍정도, 부정도 아닌 애매한 표현을 사용함으로써 좁은 섬나라의 아귀다툼에서 살아남을 수 있었기 때문이다. 언제든지 변할 수 있는 여지를 남겨둠으로써 상대방을 안심시키는 일종의 수단이랄까?

내가 알고 있는 '나가다(永田)' 선생은 알고 지내던 한국인 무역업자를 자신의 형에게 소개해 준 적이 있다고 한다. 이 한국인이 상품 샘플을 가져와서 이것저것 설명을 하자 '나가다' 선생의 형은 연방 웃음을 머금으며 "이이데스네(いいですね, 좋군요)."라고 말하면서 "생각해 보겠다."라고 말했다고 한다. 그래서 이 한국인은 그 정황을 보니 '100% OK다'라고 생각하여 귀국 후 물건의 생산에 박차를 가하고 일본에서 소식이 오기만을 기다렸다고 한다. 그러나 한 달, 두 달이 지나도 아무런 소식이 없어서 다시 일본으로 연락을 취해 보니 이미 다른 업자와 거래해 놓은 상태였다고 한다. 일본인들의 애매한 표현을 잘 몰라서 일어난 웃지 못할 해프닝이 아닐 수 없다.

확실히 일본인들은 'YES'인지, 'NO'인지를 분명하게 말하지 않고 상대방의 얘기를 잘 들어주며 맞장구를 잘 친다. 그래서 이들과 얘기할 때는 항상 그 말속의 내면에 있는 것이 어떤 것인가를 생각하지 않으면 안 될 것이다.

26.
자리 양보

　현대인들, 특히 도회지에서 사는 사람들은 만원 전철 또는 버스 속에서 자기 앞에 서 있는 노인이나 어린아이에게 자리를 양보해 줄까, 말까 하는 양심의 갈등을 한두 번 이상 겪어본 적이 있을 것이다.

　나도 서울에서뿐만 아니라 이곳 일본의 전차 속에서 그런 경험을 몇 번이고 되풀이했다. 산업화의 진전과 개인주의의 발달에 따른 어쩔 수 없는 세태이지만, 한 번쯤은 되짚고 넘어가야 할 것 같다.

　일본의 전차나 버스 안에는 '유우센세끼(優先席, 우선석)'나 '실버석'이라고 적힌 문구가 붙어 있다. 그러나 이런 문구에도 아랑곳하지 않고 좌석에 앉아 있는 사람들은 노약자가 아닌 젊은이들이다. 우리도 마찬가지이다. 그래도 우리의 경우가 좀 나은 편이라고나 할까?

　일본의 전차 속에서 자리를 양보하는 모습은 극히 드문 현상이다. 우리도 그렇다지만, 그 정도의 차이에 있어서 일본은 거의 타인에게 무관심한 수준이다. 그뿐만 아니라 보통 7명이 앉을 수 있는 좌석을 4~5명이 넓게 차지해서 앉고 서 있는 사람의 입장은 조금도 생각해 주지 않는다. 개인주의 및 자본주의 발달의 부산물로서 인간의 마음이 이처럼 각박하게 변해버린 것일까?
일본도 분명 유교적 사고를 가진 나라임에는 틀림없는데.

선진국 중에서 프랑스의 경우를 예로 들어보자.

지하철 등 공공 교통 기관에서의 자리 양보는 법률로 정해져
있다고 한다.

첫 번째, 전쟁에 의한 부상자,

두 번째, 시각장애인,

세 번째, 사회적 장애자(병역 대신 사회 봉사활동 시 부상을 입은
경우),

네 번째는 일반의 심신 장애자와 임산부, 4세 이하의 어린이
동반자, 75세 이상의 노인 등의 순으로 되어 있다.

이에 자극받은 일본정부를 대변해 JR 동일본(東日本)에서는 전
차 내에 자리 양보 문구를 붙여 놓았다. 그러나 프랑스의 경우와
는 완전히 판이한 내용이다. 막연한 '유우센세끼(優先席)'나 '실버
석'이 아니라 구체적인 예를 제시해 놓고 있다. 즉, 영·유아를 동
반한 사람, 임산부, 노인, 신체 부자유자 등의 순이다.

그런데 이렇게 구체적으로 자리 양보 대상을 적시해 놓았음에
도 불구하고 실제로 자리를 양보하는 사람이 드문 것은 왜일까?
그 대답은 사회학자나 심리학자들이 밝혀내야 할 것이다.

그러나 일본인들을 탓하기에 앞서서 우리의 전철 풍경도 생기
해 볼 만하다. 인간으로서 최소한의 사랑을 주고받을 수 있는 명
랑한 사회 분위기를 만들기 위해서 다 같이 노력해야겠다.

현대 물질문명의 부산물인 '소외'와 '무관심'이라는 것을 불식하지 않고서는 지구의 앞날은 절대 밝지 않을 것이기 때문이다.

27.
장애인에 대한 배려

일본은 어디를 가더라도 우리보다는 장애인에 대한 배려가 후한 것 같다. 어느 전철역을 가 보아도 1층을 오르내리는 데 필요한 엘리베이터가 반드시 비치되어 있고, 걸어서 오르는 계단 양쪽의 손잡이에는 점자 안내판이 있어서 시각장애인들에게도 별 불편함이 없도록 해 놓았다.

또한, 전차를 타는 데 있어서 단차(段差, 높낮이의 차)를 없애고 휠체어를 타고 오르내리는 데 어려움이 없도록 해 놓았다. 어느 절에 가든지, 신사에 가든지, 백화점이나 호텔, 관공서 그 어디를 가도 장애인을 위한 시설이 잘 비치되어 있다. 특히 시각장애인들이 인도를 걸어갈 때 안내용으로 황색 선을 그어서 요철을 만들어 놓아 이용의 편리를 도모하고 있다.

여러 종류의 장애인들이 많지만, 대부분의 시설은 시각장애인과 청각장애인 그리고 휠체어를 타는 사람들에게 집중되어 있다. 청각장애인을 위한 시설은 색깔로 표시한 것 이외에는 별로 보이지 않지만, 시각장애이을 위한 시설은 제법 많다. 건널목의 신호등에 파란불이 들어오면 반드시 소리가 나게 되어 있고, 또한 '모도켄(盲導犬, 맹도견)'이라는 안내 전용 개를 이용하는 시각장애인들도 많다. 충분한 교육을 받은 '모도켄'이 시각장애인들의 눈이 되어 주는 것이다. 그러나 '모도켄' 한 마리의 가격은 100만 엔 이상으로 다소 비싼 것이 흠이다.

우리나라도 이제는 어느 정도 장애인 시설을 많이 비치해 놓고 있다. 그러나 건물이나 도로 등의 공공시설 등은 애당초부터 장애인에 대한 배려 없이 설계되어 있어서 추가로 보수하는 데 어려움이 많다고 한다. 물론 요즘에 건설된 것은 그렇지 않지만 말이다.

당국에서는 장애인들이 보통 사람들처럼 불편함 없이 생활할 수 있도록 계속해서 배려를 아껴서는 안 되겠다.

최근 미국의 클린턴 대통령은 소아마비 장애를 극복하고 미국의 대통령이 된 루스벨트 전 대통령의 동상을 건립하기로 했다고 한다.

클린턴 대통령이 지난번 휴가 때 골프를 치다가 발목을 다쳐 현재는 장애인처럼 보조 기구를 이용해 생활하면서 루스벨트 대통령의 고충을 이해하고 동상을 건립하기로 했는지는 모르겠지만, 동상을 입상으로 할 것인지, 좌상으로 할 것인지로 논란이 됐다고 한다. 그러나 클린턴 대통령은 장애 극복을 상정키 위해 휠체어에 앉은 좌상을 만들기로 결정했다고 하니 장애인에 대한 깊은 배려를 읽을 수 있다. 참으로 잘한 일이라고 본다.

장애인도 우리와 똑같은 인격체이고 인간으로서 모든 것을 향유할 권리가 있다. 단지 장애인임을 이유로 차별 대우를 받아서는 안 된다고 본다. 선진국일수록 장애인에 대한 배려가 두터운 것 같다.

우리나라도 이제 어느 정도 살 만큼 되었으니 장애인에 대한 제반 배려심을 발휘해야겠다. 시설뿐만 아니라 직업 교육이나 취업 등에 이르기까지 각별한 배려가 필요한 때라고 본다.

정부 당국의 깊은 배려도 중요하지만, 그보다는 우리 모두가 장애인에 대한 선입견을 먼저 버려야겠다. 장애인이기 때문에 할 수 없다는 식의 사고는 지극히 위험한 발상이라고 본다. 장애인들도 우리와 똑같은 사회인으로서 생활할 수 있다는 것을 잊어서는 안 되겠다.

28.
일본은 과연 섹스 왕국인가

서울에 있을 때 일본은 성적으로 매우 문란하고 질서가 없는 무분별한 섹스의 천국이라고 듣고, 또 그렇게 생각해 왔다. 그도 그럴 것이, 포르노나 음란 만화 등은 대다수가 일본으로부터 들어오고 일본인들은 우리나라뿐만 아니라 동남아 등지로 섹스 관광을 즐기고 있다는 등의 기사가 끊이지 않았기 때문이다.

내가 처음 일본에 도착했을 때 그런 선입견을 갖고 일본인들을 만났으나 이들과 함께 생활하면서 사실과 다르게 상당히 과장된 것이 많다는 사실을 알게 되었다.

일본인들은 유교적인 사고를 저변에 깔고 불교를 믿는 국민이다.

물론 종교의 자유에 의해서 공식적인 국교는 없지만, 불교 국가라고 해도 과언이 아닐 정도로 불교적 관행이 일상생활에서 몸에 배어 있다.

아직까지 유교적 관행이 뿌리 깊은 우리와는 대조적이다. 그러다 보니 조선 왕조에서 여자의 재혼을 금했던 우리사회를 이들은 전혀 이해하지 못한다. 일본인들은 남녀관계를 우리보다는 다소 대등한 관계로 보고 있는 것 같다. 남존여비의 잔재는 남아 있지만, 개방화됨으로써 서구식 사고를 갖게 됐다고나 할까?

그러므로 일본인들의 연애관, 결혼관은 우리보다 훨씬 자유롭다. 부부는 서로가 마음에 들지 않으면 언제든지 이혼할 수 있다.

물론 에도시대에는 남편이 이혼장을 써 줘야지만, 즉 남편의 승낙을 득해야지만 가능했지만, 지금은 그렇지 않다.

재혼이라는 것이 허물처럼 여겨졌고 아직도 그렇게 생각하는 우리와는 달리 이들은 스스럼없이 이혼하고 또 재혼한다. 그러다 보니 삼종지의니, 여필종부니 하면서 평생토록 한 남편을 섬겨야만 미덕으로 여겼던 우리네의 눈엔 이들의 자유스럽고 활발한 남녀관계가 성적으로 문란하거나 저질인 것처럼 보여 왔던 것이 사실이다.

또한, 소위 자유 민주주의 사상의 신장과 더불어 언론의 자유가 보장되고 표현의 폭이 넓어지자 섹스 산업이 급성장했던 것도 사실이다.

예전부터 공창과 같은 유곽(창녀촌)이 있었지만, 패전 후 미군을 상대로 양공주들이 활개를 치고 섹스 문제도 서양적인 사고로 접근하게 된 것 같다. '비디오 박스'라고 해서 조그만 상자 속 같은 방에 들어가 혼자서 포르노 비디오를 즐기고, 성인 전용 포르노 극장이 곳곳에 있고 성인 전용 음란 만화가 활개 치며, 또한 성인 전용 누드 쇼 극장(DX), 성적 경험을 맛볼 수 있다는 클럽 그리고 언제든지 쉽게 구해서 볼 수 있는 '우라 비디오(원형 그대로의 포르노 비디오)', 남녀의 온갖 섹스 관련 기구를 파는 섹스숍, 이런 것들을 본 우리의 눈에는 일본인들이 섹스광으로 보일 수밖에 없었나 보다.

그러나 여기서 겪어본 바로는 그렇지 않다는 것을 알았다. 어떤 면에서는 우리보다도 더 폐쇄적이고 보수적인 면이 일본인들에게 숨어있음을 발견하였다.

지난여름, 홋카이도 여행 시에 만난 택시 운전사인 후지노(藤野)라는 일본인이 처음 만난 내게 대뜸 "한국 사람은 친한 친구 사이에 아내를 서로 바꿔서 자곤 한다는 말을 들었는데, 그게 사실이냐?"라고 물은 적이 있다. 이 말을 듣자마자 무슨 말을 해야 좋을지보다는 먼저 화가 머리끝까지 치솟아서 흥분을 감출 수 없었다. 놀랄 만한 사실은, 내가 일본인들을 성적으로 문란하다고 생각해 왔던 것 이상으로 이들은 한국 사람이 그렇다고 믿고 있었던 것이다.

가까이에 있는 두 나라 국민이 얼마나 서로를 왜곡되게 생각하고 있는가를 잘 말해 주는 이야기다.

일본인이나 우리네나 그리고 여타 나라의 사람들이나 인간의 본질적인 면에서는 똑같은 인간임을 알았다. 다만 자기의 사회·문화 환경 속에서 어떻게 보느냐 하는 관점의 차이로 인해서 서로를 오해하고 있음을 알 수 있었다. 일본인도, 미국인도 우리처럼 현모양처를 원하고 있으나, 이들은 결혼 생활이 유지되는 동안만으로 한정되나 우리는 '죽어서도 영원히'라는 유교적 관념이 지배하고 있는 것이다.

섹스에서의 불륜은 어느 나라, 어느 때고 있기 마련이다.

내가 이곳 대학에서 만난 미국인인 '크리토퍼스'라는 사람은 32세인데 미혼으로 현재 하와이주립대학에서 철학 박사과정을 공부하고 있다.

사랑하는 일본인 애인도 있으나 결혼은 생각해 보지 않았다고 한다.

이유를 물었더니만, 경제적으로 안정이 되지 않아서라고 의외로 간단하게 대답했다. '크리토퍼스'는 12세 때 부모가 이혼하여 받은 어렸을 때의 충격이 지금까지 남아 있다고 한다. 그래서 자신이 결혼하여 모든 면에서 부부 관계가 원만하고 아이들을 낳아서도 행복하고 부담 없는 가정생활을 위해서 경제적으로 여유가 있고 마음에 드는 여자가 나타날 때까지는 결혼할 수 없다고 했다. 우리가 일반적으로 생각해 온 미국인과는 매우 다른 모습이었다.

또, 호주에서 유학 온 '에밀리'라는 여학생이 내게 언제 결혼했느냐고 물어와 고등학교 때 만난 여자와 연애하여 결혼했다고 했더니, 나를 만날 때마다 '불쌍한 사람'이라고 말하곤 했다.

'크리스'라는 미국인에게 어떤 여자와 결혼하고 싶냐고 물었더니 주저 없이 남자 경험이 많은 여자가 좋다고 했다. 남자 경험이 많은 여자는 자기에게 잘해 줄 것이기 때문이란다.

우리와 서양인들 간의 섹스에 대한 차이점은 무엇인까?

서양 사람들은 섹스를 순결하고 정조를 지켜야 하는 것으로 보기보다는 즐긴다는 면이 훨씬 더 큰 것 같다. 그러다 보니 우리 눈에는 난잡하게 보일런지도 모른다. 이런 부정적인 면을 해결하기 위해서 최근 미국에서 순결 지키기 운동이 일고 있다는 말을 들었다.

어떤 면에서 보면 일본이나 서양인처럼 부부 관계가 유지될 때는 소위 정조를 지켜야 하는 게 서로에게 좋지 않을까 생각해 본다.

우리나라의 경우는 한 남자에게만 지켜지도록 순결을 강요하고 있으니 이 또한 문제가 아닐 수 없다. 겉으로는 현모양처요, 정숙한 사람처럼 행세하지만, 내실은 한없이 지저분하고 난잡한 사람들의 기사가 종종 신문의 지면을 장식할 때면 구역질이 날 지경이다. 어떻든, 서양인들은 자신의 성(性)을 자기 마음대로 할 수 있다는 사고가 우리보다는 훨씬 앞서 있으며 일본인들은 이를 모방하고 있음을 느꼈다.

우리의 경우를 들여다보면 가히 가공할 만하다.

유교적이고 폐쇄적인 성적 관념에 얽혀서 결혼생활을 해 온 우리 아낙네들은 지금도 이러쿵저러쿵 불륜 관련 기사에 얽매여 있는 경우가 적지 않다.

한때, 서울의 강남 부유층 마나님들 사이에 "아직도 애인이 없습니까?"라는 유행어가 유행했다는 점은 우리의 내부가 어떻게 곪아가고 있는지 짐작하게 해 주는 말일 것이다.

섹스는 특정 남녀의 둘만의 약속이다. 세상의 많은 동물 중에서 섹스를 즐기고 성적 접촉을 통해서 소유 관념을 가지는 것은 인간밖에 없다고 한다. 쇼펜하우어가 말한 바 있는 '섹스는 종족 보존의 수단'이라는 것도 인간에게는 한낱 구시대의 유물에 불과하게 됐다.

현대 의학의 개가인 항생제의 발견은 또 다른 부작용을 초래했다.

즉, 100mg의 항생제를 사용했을 경우, 다음에는 그보다 단수가 높은 항생제를 사용하지 않으면 효과가 없듯이 이제 종족 보존의 수단으로서 섹스하기보다는 쾌락을 추구하는 현대인들은 쾌감을 증진시키기 위해서 별의별 수단을 다 동원하고 있다. 예를 들면, 환각제나 섹스 도구 등을 이용하기도 하고 혼음, 수음 등 온갖 것들을 궁리해 왔다.

이런 와중에 우리보다 먼저 개방화되고 섹스 산업이 발달한 일본이 우리의 눈에 섹스 왕국처럼 보이는 것은 당연할 결과이다.

그러나 이들과 함께 생활하는 동안 일본인들도 어디까지나 동양인으로서 동양적 사고의 굴레를 벗어나지 못하고 있음을 알 수 있었다.

결혼에 대한 기본적인 생각은 어떤 면에서는 우리보다 더 보수적임을 느낄 수 있다. 일본인들도 남녀 간의 원만한 결합으로 행복한 가정을 꾸리고 싶어 하고, 자식을 사랑하고, 또 그 자식이라는 고리로 인해서 쉽게 이혼하지 못하는 것이 우리아 흡시 똑같다.

지금 서울에서는 성인 전용 극장(포르노 상영) 허가 여부를 두고 말이 많은 모양이다. 우리도 이제 일본의 뒤를 따라갈 수밖에 없는 현실이다.

　우리가 일본을 섹스 왕국이라고 하면, 이들은 우리를 보고 섹스 천국이라고 할 것이다. 나무의 본질을 보지 못하고 잎과 가지를 보고서 이러쿵저러쿵 입방아를 찧어서는 안 된다고 본다.

　일본인들에게 섹스 운운하며 손가락질하기 전에 먼저 우리 자신을 돌아볼 때다.

29.
원조교제(援助交際, 엔죠코사이)

요즘 도쿄나 오사카 등의 대도시에서는 일본의 여고생들 사이에 유행처럼 번진 '원조교제(援助交際, 엔죠코사이)' 문제로 학교와 경찰 당국이 골머리를 앓고 있다. '원조교제'는 교제를 원조해 준다는 뜻이 아니다.

몸치장에 더욱 신경을 쓰는 여고생들이 용돈이 부족하다는 이유로 3~40대의 유부남들과 전화를 통해 만나서 함께 식사도 하고 놀러 다니며 데이트, 즉 교제를 해 주는 대신에 남자들은 그 여고생에게 필요한 용돈으로 1회에 약 1만 엔부터 1만 5천 엔을 지불하는 현대판 신종 매춘행위를 일컫는 말이다.

지난달에 오사카후 경찰에서는 이를 매춘으로 규정하고 현장에서 붙잡힌 여고생을 소년원에 보냈으며 상대 유부남은 「음란행위방지법」 위반으로 처벌했다고 한다.

또한, 경찰에서는 "'엔죠코사이'는 엄연한 매춘으로 발각될 경우 3만 엔의 벌금을 추정한다."라는 포스터를 제작하여 오사카후 소속 각 여고에 배포하였으나 학교 측은 동 포스터 게시에 관해서 강력하게 반발하고 나섰다고 한다. 포스터 게시를 반대하는 학교 측의 입장은 간단하다.

발각될 경우 3만 엔의 벌금이라는 내용을 본 여고생들이 예를 들어 10회 '엔죠코사이'를 하여 10~15만 엔의 돈을 번 다음, 3만 엔을 벌금으로 지불하면 간단히 해결된다고 생각해 '엔죠코사이'를 더 부추길 우려가 있기 때문이란다. 최근의 조사에 의하면 도쿄의 경우 여고생의 약 30%가 '엔죠코사이' 경험이 있다고 한다. 이는 대단한 숫자가 아닐 수 없다. 여고생뿐만 아니라 여중생들도 상당수 여기에 포함된다고 하니 일본의 여중·고생들의 심리를 어떻게 말해야 좋을지 모르겠다.

자본주의사회의 병폐의 하나인 빈부의 격차, 특히 풍요 속의 빈곤과 성의 상품화가 지금의 일본 여고생들에게는 하나의 세기말적 과정으로 여겨지는지도 모른다. 성을 신성시하며 책임감 있는 것으로 받아들이는 것이 아니라, 일시적으로 즐기고 마는 것으로 여기고 더구나 상품화하여 돈을 받고 파는 것이 되어버렸으니 일본의 장래가 어디로 갈까 하는 걱정이 앞선다. 이들 여고생이 성년이 되어 결혼하여 원만한 가정생활을 유지할 수 있을지 궁금하다. 결혼 후 자신의 남편에게까지 돈을 받고 부부 관계를 하는 기상천외한 일이 일어나지 않는다고 누가 감히 말할 수 있을는지….

일본의 이런 현상은 비단 어제오늘의 일이 아니다. 내가 교직에 있을 때인 1970년대의 서울에서도 이와 비슷한 일이 있었다. 대방동의 분식집에 가면 용돈이 없는 중학교 3학년 정도의 여학생들이 돈 있는 3~40대의 남자를 기다리고 있다고 한다. 남자가 분식 등의 먹을 것을 해결해 주고 적당한 용돈을 주면 함께 여관으로 간다는 것이다. 지금의 일본 여고생과 다를 게 무엇인가?

물질문명의 풍요로움 속에서 점점 정신이 황폐화되어 가는 현대인들, 특히 젊은 나이의 어린 세대에게 정신의 양식을 보급할 수 있는 사회가 되어야겠다. 이런 상태로 간다면 과거의 로마나 성경 속의 소돔과 고모라의 세상으로 가지 않는다고 누가 말할 수 있겠는가!

가정·학교·사회가 삼위일체가 되어서 청소년 교육에 힘써야 할 때다.

또한, 청소년들도 자아실현을 위해 자신의 노력을 아껴서는 안 되리라고 본다.

30.
혼욕(混浴)과 노천 온천(露天溫泉, 로텐부로)

서울에 있을 때, 일본은 남녀 혼탕이 발달해 있다는 말을 자주 들었다.

'남녀칠세부동석'의 유교 사상에 젖어 있는 우리에게는 말만 들어도 호기심이 당기는 얘기이다. 남녀가, 그것도 이것저것 다 알만한 나이의 성숙한 남녀가 벌거벗은 채로 함께 목욕한다는 것은 꿈만 같은 소리일 것이다.

그러나 이들과 함께 생활하다 보니 남녀 혼욕은 일부 지역의 특수한 현상에 불과한 것이고 대다수 지역은 남녀별로 탕이 확실히 구분되어 있음을 알았다.

성에 대한 호기심은 어느 나라나 남녀를 불문하고 비슷한 것 같다.

작년 여름에 홋카이도 여행 시에 몇 번인가 남녀 혼탕의 노천 온천에 가 본 적이 있다. 나와 함께 동행했던 50대 초반의 교토 태생의 '후지노'라는 일본인은 나보다도 더 혼욕에 호기심을 갖고 있었다. '후지노'는 나이 50이 넘도록 단 한 번도 혼욕을 경험해본 적이 없다고 했다.

왜 일본에 혼탕이라는 게 존재하게 됐을까? 이는 여러 면에서 생각해 볼 수 있겠지만, 내가 경험한 바로는 절약과 관계있는 것 같다.

일본인들의 절약 정신은 확실히 우리보다 뛰어나다. 사면이 바다로 둘러싸여 있어서 습기가 많은 섬나라 사람들에게 목욕은 일과처럼 여겨졌다고 한다. 매일 하는 목욕이다 보니 한 번 데운 뜨거운 물을 가능한 한 많은 사람이 이용해야만 에너지를 절약할 수 있었던 것이다.

요즘도 일본의 가정집에 초대를 받아서 가 보면 그 집안의 웃어른부터 손님에 이르기까지 모두가 똑같은 물로 시차를 두고 목욕을 한다.

일본인들의 절약 정신의 발로는 여기서 그치지 않고 '센또(錢湯)'라는 공중목욕탕에까지 이어진다.

남녀를 구분해서 뜨거운 물을 받느니, 탕 한 곳에 물을 받아서 남녀가 함께 사용하는 것이 훨씬 절약이 될 것이다.

이것을 보고 우리나라 사람이 일본인들은 성적으로 문란하여 혼욕을 즐긴다느니 하고 입방아를 찧은 것이 아닌가 하는 어딘가 모르게 석연찮은 생각이 든다. 또, 혼탕이라는 것이 일본 전역에 퍼져있는 게 아니라 극히 일부 지역에 국한된 것임에도 불구하고 말이다. 일본인들도 혼욕에는 호기심이 많은 모양이다. 이런 심리를 이용해 온천장에서는 '로텐부로' 그리고 혼탕을 벌치해 놓고 손님을 끌어모으고 있다. 일본의 겉을 보지 말고 그 속에 감춰진 깊은 뜻을 헤아릴 줄 알아야겠다.

막상 혼탕에 가서 남녀가 함께 목욕을 즐겨 보면 생각보다는 아무렇지 않다는 것을 금방 느낄 수 있다. 이상할 게 하나도 없으니 말이다.

남녀 신체의 구조상의 차이점을 감상한다거나 색다른 부분을 보고서 눈요기를 한다는 생각 자체가 들지 않는다. 극히 당연한 현상이다.

어떻게 보면 야한 수영복 차림이 넘치는 여름날의 바닷가보다도 덜 자극적인 것은 왜일까?

일본의 목욕탕 모습을 들여다보면 우리와는 확연히 다름을 알 수 있다. 먼저 때를 미는 사람은 눈 씻고 찾아봐도 만날 수 없다.

탕에 들어갈 때 남자는 수건으로 중요한 부분을 가리고 여자는 젖가슴부터 밑에까지를 기다랗게 가리고 들어간다. 탕에 앉아 있을 때도 그렇다. 남자들끼리만 있을 때는 수건을 머리에 올려놓고 온천을 즐기지만, 혼욕 시에는 남녀 모두 중요 부분을 가리고 물속에 앉아 있어서 여름철 해수욕장이나 수영장의 풍경보다 볼 것이 없다는 말이 나온다. 탕 내에서는 혼욕이지만, 샤워장과 입구가 다르므로 남녀 모두 자신의 중요한 곳을 상대방에게 보여 줄 기회는 거의 없다.

남녀가 함께 옷을 벗고 똑같은 탕에서 목욕을 즐긴다는 막연한 호기심을 이용한 온천장은 이제 일본의 어디에서도 쉽게 접할 수 있다.

남녀 혼욕 장면을 TV에서 공공연하게 선전도 하고 프로그램화하여 방영도 한다.

하지만 외국인들은 다소 놀라는 경우가 종종 있다. 금년 정초에 시코쿠(四國) 여행 시 일본에서도 가장 오래된 온천장으로 유명한 '도고 온천'에 간 적이 있다. 남녀 혼탕이 아니라 남탕, 여탕이 확실히 구분된 온천이었다. 내 아들 지현이와 둘이서 옷을 벗고 있는데 매표소에서 일하는 50대 나이의 아주머니 한 분이 아무렇지도 않은 듯이 탈의실 안으로 들어와 청소를 하는 것이다. 수많은 남자가 벌거벗은 채로 있었지만, 누구 하나 놀라는 사람이 없었다. 단지 이런 경험이 처음인 우리 지현이가 깜짝 놀라 당황하는 게 고작이었다.

또 하나 특이한 것은 일본인들의 목욕하는 방법이다. 탕에 들어가서 잘해야 20분 정도일까, 우리네처럼 1~2시간씩 목욕하는 법이 없다.

샤워할 때도 우리처럼 일어서서 하는 법이 없다. 다소곳이 앉아서 옆 사람에게 물이 튀지 않도록 최대한 조심하여 물을 끼얹는다. 우리처럼 함부로 수도꼭지를 틀어놓는 사람도 없다. 요란하지 않게, 말없이 그리고 다른 사람에게 피해가 가지 않게 최대한 빨리 끝내는 것이다.

우리처럼 서구적인 목욕 문화가 급속도로 전파된 나라도 드물 것이다.

동네방네 어디를 가도 쉽게 사우나를 찾을 수 있다. 그것도 아주 고급스럽게 장식된 사우나를 말이다. 그러나 일본에서는 목욕 문화가 그렇게 발달해 있어도 대중 사우나를 찾아보기가 그리 쉽지 않다. 도쿄 등의 대도시에서도 쉽지 않다. 신주쿠 등의 번화가에서나 사우나를 접할 수 있을까? 그것도 몇 군데에 불과하다. 내가 알기로는 인구 150만 명 정도인 교토에 대중 사우나는 고작 두 군데였으니 말이다.

31.
DX(나체 쇼)

언젠가 순천에서 온 친구 한규와 함께 교토의 후시미구에 있는 DX(성인용 나체 쇼 극장)에 간 적이 있다. 입장료는 6천 엔부터 8천 엔 정도로 시간대에 따라 조금씩 차이가 있었다.

DX 안에 들어가 봤더니 홀 한가운데에 원형 무대가 있고, 손님들이 무대를 중심으로 둥그렇게 둘러앉아 있었다. 춤을 추는 무희는 20대 후반의 나이로 보이는 상당한 미녀였다. 얼굴 생김새나 풍만한 젖가슴, 쏙 빠진 몸매, 어디를 봐도 남자들이 혹할 만한 무희였다. 음악에 맞춰 요란한 조명을 받으며 선정적인 춤을 추기 시작하면서 걸치고 있는 옷가지 등을 귀찮은 듯이 하나, 둘 벗어 던지더니 나중에는 완전한 알몸이 되었다. 알몸으로 나체 춤을 추는 그 모습은 아름답다기보다는 어느 동물보다도 더 징그러운(?) 몸짓이었다. 가랑이를 딱 벌려 여자의 그곳을 벌려 보이기도 하고, 똥개마냥 엎드려 엉덩이를 치켜들고 또 그곳을 까발려 보이고, 남자와 섹스하는 흉내를 내며 허리 운동을 하는 것 등은 정상적인 사고를 가진 사람이라면 차마 눈 뜨고 보기 어려운 장면이었다.

이러한 누드 쇼가 끝난 다음엔 빙 둘러앉은 손님들에게 무희의 은밀한 그곳을 손으로 만져 보게 한다. 일단, 무희가 손님에게 물수건을 건네주고 손을 깨끗이 닦게 한 다음에 가랑이를 벌리면 나이가 지긋한 중·노년의 남자들이 여자의 그곳을 이리저리 만져 본다. 만지는 것은 언제든지 오케이이지만, 여자의 그곳 깊숙한 곳에 손가락을 집어넣으면 절대 안 된다. 한 사람이 유방을 만지고 있는 동안에 또 한 사람이 여자의 그곳을 만지고 또 다른 사람은 허벅지를 쓰다듬는다.

무희는 어떤 생각을 할까? 남자와 여자로서의 스킨쉽 같은 것은 전혀 느끼지 못하는 것 같다. 한 바퀴 빙 돈 다음에는 폴라로이드(즉석) 카메라를 들고나와서 사진을 찍게 한다. 1천 엔을 주면 2매를 찍을 수 있다. 무희는 손님이 원하는 대로 포즈를 취해 주고, 손님들은 여자의 은밀한 부분을 중심으로 사진을 찍는다. 가히 여자의 상품 시장이라고 해도 과언이 아니다.

그래도 다행인 것은 관객 중에서 미성년자는 단 한 명도 없다는 것이다.

20대도 보이지 않는다. 최하 3~40대 이상이고 대다수가 5~60대의 남자들이다. 좀 특이한 것은 손님 중에는 젊은 여자들도 끼어 있다는 것이다. 무희가 알몸으로 춤을 추는 장면을 보고서 여자 관객들은 어떤 성적 충동을 느끼는 것일까? 음악 소리가 요란해지는 것에 따라서 남녀 관객이 탬버린을 두드리면서 박자를 맞추며 흥겨워하는 모습을 어떻게 말해야 좋을지 모르겠다. 나처럼 친구와 함께 구경삼아 오는 사람도 거의 눈에 띄지 않는다. 대부분 혼자서 누드 쇼를 즐기는 것이다.

만약 이러한 DX가 서울에 있다면 어떻게 될까? 지금 서울에서는 포르노 영화 상영을 위한 성인 전용 극장 설립을 놓고 업자와 당국 간의 줄다리기가 한창인 모양이다. 우리나라는 아직 이르다고 생각하는 것은 근시안적인 생각일까?

DX 관객인 60대 초반의 한 남자에게 "이런 극장은 문제가 있지 않으냐?"라고 물어봤더니 전혀 그렇지 않다고 자신 있게 말한다. 도리어 초로기의 외로운 남자들에게는 활력소가 된다고 하니 내 생각이 아직 이들을 따라가지 못하고 있음을 느낀다.

그러나 서울에 일본과 같은 DX나 성인 전용 극장이 무분별하게 등장할 경우 청소년들에게 엄청난 파장을 불러일으키고 사회적으로 상당한 문제가 될 것이라고 우려하는 나는 아직도 깨우치지 못한 것일까?

여자들이 몸을 파는 매춘은 예전부터 있었지만, 물질문명이 우리보다 풍성한 일본에서는 성의 상품화도 풍성한 것 같다.

이런 것을 보고 우리나라 사람들은 일본을 섹스 왕국이라고 하는지 모르겠다. 하지만 일본인들은 전혀 그런 생각조차 하지 않고 자연스러운 일로 받아들이고 있으니 문화의 차이는 이렇게 큰 것일까! 인간의 타락은 과연 어디까지 치달을지 우려된다. '소돔과 고모라'의 타락이 오늘날과 진배없을 것이다. 2000년이 되면 우리나라도 모든 것을 다 개방하지 않으면 안 된다. 세계의 흐름에 우리도 따라가야 하겠지만, 따라가야 할 것과 버려야 할

것을 우리 국민 스스로 판단하지 못할 때는 정부라도 앞장서서
선도해 주면 좋겠다.

32.
요바이
(夜這い, 남자가 한밤중에 여자 침실에 숨어들어 감)

일본에는 결혼 전에 젊은 남녀가 자유롭게 연애하고 성관계를 맺었던 '요바이(夜這い)'라는 풍습이 있었다.

자유로운 성관계라는 말만 듣고 보면 '일본은 옛날부터 과연 섹스의 천국이었구나!' 하는 생각을 할 수 있겠으나 그 내막을 알고 보면 그렇지 않다는 것을 금방 알 수 있다.

'요바이'는 오늘날의 자유연애에 해당한다고 볼 수 있으나, 실은 그렇지 않다. 과년한 딸을 둔 부모가 '딸이 출가하여 과연 여자로서 제 몫을 제대로 해낼 수 있을까?' 하는 염려에서 시작됐다는 설이 있다. 또 그 풍습이 지역마다 다르다.

자기 마을에서는 '요바이'를 행하지 않으며 반드시 옆 마을을 방문하여 행하는 게 원칙이다. 가령 A라는 마을의 청년이 B 마을의 처녀가 마음에 드는 경우에 청년은 목에 수건을 걸치고 처녀가 일하는 논밭에 방문하여 "수고하십니다."라고 인사를 건네면서 수건을 목에서 벗는다고 한다. 그러면 일하고 있던 처녀가 그 청년을 보고 마음에 들면 머리에 쓴 수건을 벗고 "수고하십니다."라고 인사하고, 마음에 들지 않으면 수건을 머리에 쓴 채로

"수고하십니다."라고 인사한다고 한다. 머릿수건을 벗고 인사한 그 처녀는 그날 밤에 청년이 집으로 찾아오기만을 기다리며 몸을 정결히 해 놓고 있으며 처녀의 부모는 일절 모르는 척 시치미를 뗀다고 한다. 밤이 이슥해지면 청년은 자기보다 나이 어린 마을의 친구들을 대동하고 처녀가 사는 마을로 가서 처녀의 집을 방문한다.

날씨가 좋은 날은 처녀를 밖으로 불러내어 함께 밤을 보내면서 성관계를 맺고, 비가 오거나 특별한 일이 있을 때는 처녀의 깊숙한 방으로 찾아가서 함께 지낸다고 한다. 물론 결혼을 전제로 한 관계가 아니므로 만일 임신하게 될 경우에는 마을의 산파에게 가서 아기를 지운다고 한다. 청년이 처녀의 방에서 지내는 동안에 청년이 대동한 친구들은 청년의 신발을 숨기는 장난 등을 하며 청년이 나올 때까지 기다렸다가 함께 자기 마을로 돌아온다.

교토 근처 시가현(滋賀縣)에 사는 어떤 90세의 할아버지는 32세에 결혼했다고 한다. 당시 남자는 15~6세, 여자는 13~4세가 되면 성인 의식을 갖고 대부분 결혼했는데, 이 할아버지는 여느 남자에 비해 결혼이 무척 늦은 것이다. 할아버지에게 물었더니 결혼을 늦게 한 이유는 단 한 가지, '요바이'에 재미를 붙이는 바람에 진짜 결혼에는 신경을 쓸 수 없었기 때문이라고 한다. 그는 셀 수 없을 만큼 수백 번의 '요바이'를 했다고 한다. 속된 말로 수백 명의 처녀와 밤을 치렀으니 얼마나 행복한 할아버지일까?

그러나 메이지 유신 이후 사회적으로 문제가 제기되어 이러한 풍습은 없어졌다. 당시 해외에서 공부하고 귀국한 젊은 엘리트들이 '요바이'는 야만적이고 좋지 않은 풍습이라고 천황에게 건의하여 천황은 이를 받아들여 법률로 금지했다고 전해진다.

그러나 이 '요바이' 풍습은 형태를 바꾸어 지금도 젊은 층에서는 은밀히 행해지고 있다고 한다. 즉, '남파(軟派, 남바)'라 하여 불량 청소년들이 폭력이나 금품 갈취에 목적을 두는 것이 아니라 마음에 드는 여자의 뒤를 밟아서 이성 교제에 흥미를 두는 행위가 그것이다.

이런 일본의 '요바이' 풍습에 대해 가타부타 말할 수는 없다.

이는 어디까지나 일본이라는 섬나라의 독특한 풍습이기 때문이다.

우리도 고려시대 때는 이와 유사한 자유연애가 횡행했던 적이 있다.

'남녀상열지사'라는 말이 있듯이, 성 문제는 예나 지금이나 많은 사람의 입에 즐겨 오르내리고 있다. 이는 극히 개인적인 문제이기 때문에 그 옳고 그름을 가늠한다는 것이 불가능하다고 본다.

세월의 흐름에 따라서 모든 것이 변해가듯이, 성 풍습도 지방이나 나라 그리고 시대에 따라서 엄청난 변화를 겪고 있으니 말이다.

33.
일본의 가옥(家屋)

일본의 건물은 크게 세 가지로 대별할 수 있다. 빌딩이나 맨션 (우리의 아파트에 해당)과 같은 시멘트·철골 구조와 시멘트·목재로 된 아파트(우리의 연립 주택에 해당) 그리고 순전히 목재로 된 단독 주택이다.

대도시나 중소도시의 중심가에는 우리의 서울과 같은 고층 빌딩이 많지만, 시민들의 안식처는 대부분 목조의 단독 주택이다. 나무로만 3~4층을 짓는 것을 보고 과연 지탱할 수 있을까 하고 의구심을 갖기도 했지만, 목조 건물이 콘크리트 건물보다도 지진 등의 재해에 더 강하고 내구성이 있다는 말을 들었다.

우리나라에는 목조 건물이 그다지 많지 않은데 일본엔 산림 자원이 풍부하여 목조 건물을 많이 짓는가 하고 일본인 건축업 자에게 물어봤더니, 집을 지을 때 일본산 목재는 사용할 수 없고 대다수를 동남아 등지에서 수입하여 충당한다고 한다. 자신들의 산림을 훼손하지 않으려는 일본인들의 안목을 보고 놀라지 않을 수 없었다.

목조 건물은 건강에 좋을 뿐만 아니라 지진 등에 강하고, 100년, 200년이 지나도 오래 견딜 수 있으며 철거 후에도 소위 건축 공해의 문제가 적다고 한다. 하지만 화재에 약한 것이 흠이라고 한다. 그래서인지 일본엔 소방 훈련이 잘되어 있고, 집집마다 방화수, 방화사 등이 항상 비치되어 있다. 가능한 한 자연 속에서 어울러서 살려고 하는 일본인들의 가옥 구조에 비해서 우리는 도농을 막론하고 온통 콘크리트의 장벽이니 향후 50~100년 후에는 어떻게 될까를 생각해 보면 끔찍한 생각이 든다.

태어나서부터 온돌방에 적응해 온 나로서는 일본의 다다미(畳) 방이 여간 개운치 않다. 지푸라기로 엮은 다다미방에서의 생활은 어쩐지 안정이 되지 않고 특히 초겨울에는 추워서 견딜 수 없다. 온풍기와 히터를 다 가동해도 따뜻한 공기는 보란 듯이 천정으로 올라가 버리고 바닥은 얼음장처럼 차가우니 등허리가 따뜻해야 푹 잠을 잘 수 있는 우리에게는 여간 고통이 아니다. 또한, 여름에는 조금만 방심하면 쥐며느리, 지네 새끼, 노래기 등의 온갖 벌레가 우글거린다.

처음에는 '일본에는 왜 온돌이 없을까? 바닥에 동 파이프를 넣고 온수를 보급해 주면 그것이 곧 온돌방일 텐데' 하는 생각을 했었으나 일본에서 생활하면서 다다미방에 차츰 적응하면서 그 이유를 알 수 있었다.

일본의 일반 가정은 대다수가 목조 건물이기 때문에 온돌은 화재의 위험이 많기 때문이란다. 그러나 이보다 더 큰 이유는 일본인들의 생활습관에 있었다. 겨울 평균 기온이 영하로 내려가는 경우가 드문 까닭도 있지만, 활동적인 생활 때문이다. 사람은 방바닥이 따뜻하면 드러눕고, 쉬고 해서 게을러지기 마련이다. 그러나 차가운 다다미방에서 한겨울에도 드러누워 있을 사람은 없을 것이다. 태양이 비추는 바깥이 방 안보다 훨씬 더 따뜻하니 자연히 밖으로 나갈 수밖에 없다는 것이다.

아하! 우리가 미처 생각하지 못한 것을 일본인들이 깨우쳐서 실천하고 있다고 생각하니 온돌도 모르는 일본인이라고 얕잡아봤던 나 자신이 조금은 부끄럽다는 생각이 든다.

그래서 일본인들의 겨울나기는 문명이 발달한 오늘날에도 옛날과 다름없이 행해지고 있다. 대부분의 가정에는 '코타츠(炬燵)'라는 우리나라의 화롯불과 같은 것이 있어서 이를 탁자 아래에 놓고 그 탁자 위에 이불을 덮고 온 가족이 탁자 밑의 이불속으로 다리를 뻗고 지내는 것이다. 오늘날은 단지 화롯불 대신 전열기를 이용한 '코타츠'를 사용하고 있다는 게 다를 뿐이다.

'코타츠' 외에도 마루 가운데에 천정으로부터 길게 늘어뜨린 화롯불이 있는데 이를 '이로리(囲炉裏)'라고 한다. '이로리' 주변에 모여 앉아 가족, 이웃끼리 얘기하며 겨울을 나는 것이다.

대부분의 일본인은 겨울나기에 '코타츠'를 이용하고 있지만, 홋카이도(北海道) 지방은 좀 다르다. 홋카이도는 일본 열도 중에서도 가장 추운 곳이기 때문에 집집마다 난로를 피우고 생활한다. 그러다 보니 지붕마다 난로 굴뚝이 우뚝 솟아 있다. 본토에서는 볼 수 없는 풍경이다. 홋카이도가 일본 중에서도 이국적인 맛이 나는 이유 중의 하나가 지붕 위의 굴뚝이라고 한다.

어쨌든 일본의 가옥은 도심을 제외하고는 나무와 흙으로 지어져 있어서 이를 본 나를 기죽게 했다.

34.
일본의 임대 구조

우리나라에서는 방을 얻기 위해 전세, 사글세 그리고 공공 또는 회사의 임대 등의 방법이 있다. 그러나 일본의 경우 임대차가 우리와는 완전히 판이하다. 가장 차이가 나는 것은 일본에는 전세라는 것이 없다는 것이다.

구체적인 형태는 다르지만, 모두 사글세라고 해야 할 것이다.

일본의 임대 구조를 보면 우리로서는 이해하지 못할 구석이 너무 많다.

방을 빌릴 경우에는 반드시 하우징구(Housing)나 후도상야(不動産屋, 부동산)에 가서 계약해야만 한다. 먼저 월 임대료, 즉 야칭(家賃)이 결정되면 이의 2~3배 정도 되는 금액을 우리의 보증금에 해당하는 시키낑(數金)으로 하여 오오야상(大家樣), 즉 집주인에게 지불해야만 한다. 이것으로 끝나는 게 아니다. 세입자는 집주인에게 집을 빌려주어서 고맙다는 인사로 월 임대료의 2~3배의 돈을 또 내야 한다. 이것이 소위 일본에만 있는 래킹(禮金), 즉 사례금이다. 또한, 계약서 작성 시에는 반드시 연 1만 엔 상당의 화재 보험에 가입해야만 하는 것이 의무 조항이다. 목조 건물이 많고 지진이 잦아서 화재에 약한 일본의 가옥 구조 때문이란다.

그리고 마지막으로 중개인에게 한 달 치의 임대료를 소개비로 지불함으로써 모든 절차가 끝난다.

임대 기간은 통상 1년이고 매년 갱신할 때마다 부동산에서 똑같은 절차를 밟아야 한다. 그러니까 매년 집주인에게 래킹을 주고 부동산에 소개비를 주어야 한다.

참 희한한 임대 구조를 가진 일본이다. 게다가 보증금에 해당하는 시키낑은 우리처럼 계약 기간이 만료됨에 따라서 돌려받을 수 있는 것이 아니다.

세입자가 살면서 낡게 된 부분, 즉 감가를 상각하고서 그 나머지 돈을 돌려받아야 하나 실제로는 거의 돌려받을 수 없는 게 현실이다. 한마디로 세입자가 사는 동안 이용한 다다미, 벽지, 화장실, 부엌 등의 사용료라고 생각하면 될 것이다.

다른 것은 대충 이해한다고 해도 집주인에게 래킹이라는 사례금을 지불하는 것은 이해할 수 없다. 1990년대 초에 일본의 거품 경제가 무너지면서 도쿄를 비롯하여 주변 도시로 시키낑과 래킹 등이 점차 없어지고 있기는 하지만, 아직도 대부분의 지역에는 그대로 존재한다. 특히 교토는 관광지여서인지는 모르겠지만, 여타 지역에 비해서 그 정도가 더 심한 편이다.

래킹 제도는 예전에는 없었던 최근의 일이라고 한다.

1945년 8월 15일경 일본의 패전 후에 미군이 진주히면서 돈 많은 미군 장교로부터 달러를 벌어들이기 위한 수단으로 도쿄의 미군기지 주변에서 시작됐던 것이 일본 전역으로 확 퍼져갔다고 한다. 일본인들 스스로도 래킹이 아직껏 남아 있는 것에 대해 이해하지 못하고, 오래되지 않은 좋지 않은 관습이 지속되고 있다고 여기고 있음에도 어쩔 수 없나 보다.

그래도 이것은 돈만 있으면 해결되지만, 외국인이 집을 빌릴 때는 더 큰 어려움에 봉착하는 경우가 많다. 일본인들에게는 별 문제가 없겠지만, 외국인에게는 일본인 보증을 요구하기 때문이다. 보증인은 세입자가 저지른 민사상의 모든 책임을 져야 하므로 좀처럼 선뜻 나서길 꺼린다. 어디 일본인 보증인을 구하기가 그리 쉬운 일인가?

35.
도자기

'도자기' 하면 고려청자·조선백자가 떠오르는 게 우리네이다.

그러한 청자를 현대 문명으로도 흉내 낼 수 없다고 하니 선조들의 장인정신을 바탕으로 한 기술이 놀라울 뿐이다.

내가 일본에 와서 제일 갖고 싶어 했던 것은 첨단 전자제품이 아니라 도자기였다. 교토의 유명한 관광지인 기요미즈데라(清水寺) 근처의 사카노보리(언덕길) 양편에 쭉 늘어선 도자기 가게를 볼 때면 도자기의 원조가 일본인가 할 정도로 놀라웠다. 형형색색이고 온갖 형상을 가진 일본의 도자기 기술은 참으로 감탄할 만한 것이다.

이러한 일본의 도자기 기술이 임진왜란 당시 우리의 도공을 납치하여 이루어진 것이라는 것은 누구나 다 아는 사실이다. 우리로부터 배워간 기술이 지금은 우리를 압도하고 있으니 한없이 분통만 터질 뿐이다. 도공을 납치한 것이 미운 게 아니라 우리의 도공을 인정하고 그 기술을 오늘날까지 변화·발전시킨 일본인들의 장인정신에 질투가 날 지경이다. 규슈 남단 사쯔미(薩摩, 지금의 가고시마)에 있는 '사쯔마 도자기'는 조선의 도공 정신을 이어온 대표적인 곳이다. 지금부터 400여 년 전의 임진왜란 당시 전북

남원으로부터 강제로 끌려온 조선의 도공인 심수관(沈壽官)의 후
예가 1대 심수관, 2대 심수관 등으로 심수관의 이름을 그대로
명맥을 유지한 채 지금도 변함없이 그 업을 이어 오고 있다는 것
이다.

　일본은 예전부터 목기를 주로 사용해 왔으며 임진왜란 당시만
해도 도자기 기술은 거의 발달하지 못하고 토기를 이용하는 정
도였다고 한다.

　일본인들은 지금도 나무젓가락, 나무 그릇을 많이 사용하고 있
다. 흙을 구워서 도자기라는 것을 만드는 법을 잘 몰랐던 것이다.

　그러나 지금은 어떠한가?

　일본에는 도자기 전문학교가 있어서 기술을 습득하고 전수하
는 데 큰 어려움이 없다. 우리나라에도 물론 여주·이천을 중심으
로 한 도자기 마을이 있지만, 일본처럼 정책적인 뒷받침은 별로
없는 것 같다. 그저 장인들이 자신의 기술을 전수하고 상품을
판매하는 목적 정도랄까.

　아니면 생계유지의 수단으로, 혹은 예술적인 차원에서 겨우 그
명맥을 유지해 오고 있지 않나 생각해 본다. 그러다 보니 도자기
의 원조 격인 우리나라가 그 기술을 전수받은 일본에 뒤처지고
야 만 것이 아닐까?

　지금은 옛날 방식이 아니라 첨단 과학을 이용해 여러 가지 방
법으로 도자기를 구워내는 일본에 비해서 우리는 아직도 전근대
적인 방법에 거의 의존하는 실정이다. 몇 달 전에 호쿠리쿠(北陸)

지방을 여행했을 때 도자기 마을에 견학을 하러 간 적이 있었는데 마음에 드는 도자기는 그 가격이 거의 몇십만 엔, 몇백만 엔이었다. 우리 돈으로 환산하면 천만 원 이상의 고가인 것이다.

그런데도 잘 팔리고 있었다. 일본의 무사 정권 당시 사무라이들에게 도자기가 권력이나 부를 상징했다고 하니 도자기가 차지하는 비중이 얼마만큼 큰가를 알 수 있다.

우리는 반성해야 한다. 조선의 유교 사상에 얽매여 사농공상이라는 계급적 차별을 두고서 기술 개발은커녕 전승조차도 하지 않았으니 말이다. 기술이라는 것은 얼마나 값진 것인가. 이것을 우리는 천시해 왔고 그러한 부모의 직업을 자식에게 전수시키려 하지 않았으니 그 눈부신 선조들의 위업을 오늘날에는 잇지 못하고 있지 않은가!

물론 요즘에는 우리도 다소 변화하고 있다. 그러나 기술이 생활하는 데에 무엇보다도 필요하다고 느끼고는 있지만, 아직도 기술자를 업신여기는 풍토가 저변에 깔려 있는 것 같다.

남의 것을 받아들여서 그 이상으로 발전시킬 줄 아는 이들 일본인들보다 우리는 더 명석한 두뇌를 가진 민족임을 잊어서는 안 된다.

국제화라는 것, 세계화라는 것은 영어를 구사할 줄 알고 해외여행을 자주 하는 것이 아니라 바로 우리 것을 지키고 우리 것을 세계에 널리 알리는 것이 아닐까? 전통의 계승이라는 것은 그만큼 중요한 것이다.

'사쓰마 도자기'의 대표 주자 격인 심수관이 한국 사람의 후예임은 틀림없으나, 그가 만든 도자기를 세상의 그 누가 한국의 도자기라고 할 것인가?

36.
일본의 대학 문화

일본의 대학가는 대학가라는 생각이 전혀 들지 않는다. 대학 부근의 어디를 돌아보아도 술집이나 당구장, 탁구장 등 그 어느 것 하나 발견하기가 쉽지 않으니 말이다.

우리나라의 신촌, 종암동, 봉천동이나 홍대거리 등의 소위 대학가와는 사뭇 다름을 알 수 있다. 우리의 대학가라고 하면 일본의 신주쿠나 긴자 등 번화가를 뺨칠 정도이며 당구장이나 카페 등 대학가를 상징하는 유흥 접객업소가 셀 수 없을 정도로 많다.

책가방을 든 남녀 대학생들이 만취해 흥청거리는 대학가, 뿌연 담배 연기 속에서 내기 당구를 치는 당구장이 있는 대학가 등을 이곳 일본에서는 감히 상상조차 할 수 없다. 일본의 대학가 주변은 주택가의 여느 골목보다도 더 조용하고 가게가 없어서 도리어 불편할 정도이니 말이다.

그렇다면 일본의 대학생들은 술도 마시지 않고 당구도 치지 않으며 공부에만 전념하는 것일까? 절대 그렇지 않다는 것을 이들과 함께 생활해 보면 금방 알 수 있다. 대학, 소위 일류 대학의 입시 관문은 우리와 비길 바가 아닐 정도로 치열하다. 그러나 일반적으로 4년제 정규 대학 이외 단기 대학(우리의 2년제 전문 대학), 전문학교(우리의 2년제 직업 학교) 등이 잘 발달해 있고 지방마다 많은 대학이 있어서 일본의 고등학생들은 웬만큼 공부하면 대학에 들어가는 것이 그리 어렵지 않은 실정이다. 이는 무엇보다도 많은 대학 설립과도 관계가 있는 것 같다.

즉, 완행열차가 멈추는 시골의 전철역마다 대학이 있다고 하는 '가쿠에키 다이가쿠(各驛 大學)'라는 말이 이를 잘 말해 준다.

일본 대학생들의 외모를 볼라치면 마치 우리나라의 고등학생들을 보는 것 같다. 우리의 고등학생들이 일본의 대학생보다 키나 체격 면에서는 오히려 더 크다는 느낌을 받을 수도 있다. 우리의 대학생과 비슷하다는 것은 어디를 보아도 학생의 냄새가 난다는 것이다. 옷차림은 고등학생의 교복 차림처럼 단정하고 여대생들은 우리네처럼 화장하고 화려하지가 않다.

소위 일류 대학, 즉 도쿄대학이나 교토대학 등 명성 있는 대학생들은 학문 탐구에 열중하지만, 대다수의 학생은 학업보다는 취미생활에 전념한다. 주로 자기가 속한 대학 내 서클에서 집단 활동을 즐긴다.

공부보다는 자기가 좋아하는 일에 모든 시간과 돈을 들이며 보내는 것이다. 술을 마시러 가도 반드시 같은 서클이나 급우들끼리 가고 계산도 각자 하는 경우가 허다하다. 누구 한 사람이 사는 경우는 극히 드물다. 학생들은 경제적으로 아직 자립하지 못했기 때문에 이는 지극히 당연한 결과이다. 각자 계산하는 것을 미국인들은 '더치페이'라고 하지만, 일본에서는 '와리깡(割勘)'이라고 한다. 우리사회에서 일반적으로 통용되는 '와리깡'과는 좀 다른 의미가 있다.

이러한 것을 볼 때, 우리의 대학 문화를 좀 되돌아보아야 하지 않나 하는 생각이 든다. 우리의 대학 문화는 잘못되어도 한참 잘못된 것 같다. 한마디로 말해서 양극화가 뚜렷이 나타난다. 하나의 경우는 자신이 마치 독립투사라도 된 것처럼 운동권에 뛰어들어 '독재 타도'니, '민주 쟁취'니 하며 가두시위에 앞장서서 공부보다는 운동권에 온몸을 바치는 것이고, 또 하나의 경우는 아르바이트 등을 통해 학생 신분으로서는 상당한 돈을 번 뒤에 주색잡기에 빠져서 학생인지, 사회인인지 도저히 구별되지 않는 것이다.

혹자는 그렇지 않다고 반론을 제기하는 사람도 있을 것이다. 즉, 대학 도서관이나 사설 독서실 등에서 밤늦게까지 책과 씨름하는 학생이 많지 않으냐고 말이다. 물론 열심히 공부하는 학생이 많은 것도 사실이다. 그러나 이들이 얼마나 대학생으로서 학문 탐구에 열심히 임하고 있을까 하고 그 속을 들여다보면 대답이 곧 나온다.

순수한 학문 연구보다는 졸업 후의 취직이나 각종 고시 준비를 위한 공부라는 것을 보면 실망하지 않을 수 없다.

일본의 대학생들은 약 7~80% 이상이 간단한 아르바이트를 통해 용돈을 버는 것으로 조사된다. 대다수의 학생이 방과 후에

스스로 벌어서 쓰는 용돈이기 때문에 우리네처럼 흥청망청 쓸 수 없으며 또 그러한 돈도 없다고 한다. 극히 절제되고 제한된 생활을 할 수밖에 없는 것이다. 일본의 대학 문화는 한마디로 말해서 '서클 활동 중심의 대학 문화'라고 할 수 있을 것이다. 또한, 대학생들과 함께 얘기해 보면 철학·문학·예술·역사 등 세계적인 일반 상식은 우리의 고등학교 학생 수준에도 미치지 못할 만큼 아주 낮음을 알 수 있다. 외세의 침략이 없고 폐쇄적인 섬나라에서 자기들만 오순도순 살아와서 그런지 소위 형이상학적인 것에는 그다지 관심이 없는 것 같다. 이들과 함께 생활해 보면, 그저 현실에 충실하면 된다는 느낌을 강하게 받는다.

일본에서 역사 교과서 왜곡으로 자주 문제가 되는 것도 이들과 우리가 느끼는 감이 다르기 때문이라고 생각해 본다.

이에 반해서 우리의 대학생들은 세계의 역사가 어떻고 공산주의니, 자유 민주주의의 발달사가 어떻고, 공자·맹자 왈, 소크라테스 운운하는 것이 참으로 대조적이라고 할 수 있을 것이다. 언젠가 일본 '용곡대학(龍谷大學)'의 불교학과 학생과 불교에 관해서 얘기한 적이 있다. 그 학생은 불교가 인도에서 생성되어 어떤 경로를 밟아서 일본에 전해졌는지 명확히 알지 못했다.

교과 과정이 어떤지는 잘 모르겠지만, 일본인들 대다수는 대륙 문화가 중국을 통해서 전해졌고 한반도로부터의 유입은 극히 일부에 불과하다고 믿고 있었다. 이들은 될 수 있으면 한반도로부터의 문물 유입에 대해서 말을 아끼고 있다는 것을 느낄 수 있었다.

우리의 대학 문화와 너무도 다른 일본을 보고 한편으로는 평범한 생활인으로서 한없이 부러웠으며, 또 한편으로는 화가 치밀 정도였다.

우리의 대학 행정 당국에서도 건전한 대학 문화 육성을 위해 좀 더 큰 노력을 기울여야겠다는 생각이 든다.

또 하나 특이하다고 할 만한 것은 일본의 대학 문화는 지역 공동체 문화의 장으로서 극히 자율성이 주어져 있다는 것이다. 즉, 대학 축제 및 각종 행사는 전적으로 학생들의 손에 의해 기획 및 집행된다.

지난가을의 학내 축제는 대학 근처의 남녀노소 모두가 즐긴 축제였음을 확인할 수 있었다. 유치원 꼬마로부터 꼬부랑 할머니까지 온통 함께 대학 축제를 즐기는 것을 보고 부러운 생각까지 들었다.

우리는 남북 대치라는 특수한 상황에 있지만, 우리의 대학 축제도 이제 지역 주민과 함께하는 지역의 문화 공간이 되어야겠다는 생각이 든다.

이데올로기 중심의 대학 문화가 더 이상 지속되어서는 안 되겠다.

37.
일본의 뒷골목

언젠가 아내에게서 들은 얘기이다. 일본에 다녀온 아내 친구의 말에 의하면, 일본의 거리는 너무 깨끗해서 길거리에 떨어진 음식을 주워 먹을 정도라고 한다. 깨끗한 일본의 거리를 입이 마르도록 칭찬했던 그녀는 진정 일본을 제대로 돌아보고 한 말일까?

사실 그렇다. 대로변 어디를 가 봐도 깨끗하고 말끔하게 정리된 거리를 보면 일본인들의 청결을 보는 듯하다.

그러나 오래도록 일본에 거주하며 이곳저곳 뒷골목을 돌아다녀 보면 전혀 그렇지 않다는 것을 곧 알게 된다. 골목 어디를 가도 쓰레기더미로 어지럽고 담배꽁초는 아무 데나 버려져 있으며 집에서 사용하다 버린 가전제품 등이 나뒹구는 모습을 보면 이곳이 정말 일본인가 하는 의심을 지울 수 없다. 어떤 때는 대로변에서 경찰이 뻔히 보고 있는 가운데 아무렇지도 않은 듯이 자동차의 담배꽁초 통을 버리는 사람도 눈에 자주 띈다.

자동차를 세워 놓고 남의 집 담벼락을 향해 힘차게 방뇨하는 사람들도 종종 보인다. 웬만한 야산이나 골목에 가 보면 남의 눈을 피해서 몰래 버린 전자 제품 등의 가재도구나 폐타이어 등이 눈꼴사납도록 어지럽다.

우리의 여느 골목에서 보는 모습과 진배없다. 아니, 더한 곳도 많다.

남이 보는 대로변이나 눈에 잘 띄는 곳은 깨끗하지만, 보이지 않는 어두운 뒷골목은 쓰레기 더미로 더러운 일본. 아마 일본인들의 '혼네(本音, 본마음)'와 '타떼마에(建前, 형식이나 가식)'의 차이를 보는 듯하다.

공항 같은 다중 집합 장소에서도 버젓이 담배꽁초를 버리고 그 뒤를 따라가며 청소부가 이를 치우는 것은 어떻게 말해야 할까? 더구나 대학교 강의실에서 담배를 피우고 아무렇게나 꽁초와 쓰레기를 버리는 일본 대학생들! 친절한 웃음 뒤엔 뭐가 숨어 있을까?

38.
자전거와 오토바이

　내가 일본에 처음 왔을 때 놀란 것 중의 하나가 미니스커트 차림의 예쁜 아가씨, 아주머니들이 자전거와 오토바이를 타고 질주하는 모습이었다. 중국이나 베트남 등지에서는 연료 부족으로 자전거가 많다는 얘기를 들은 적이 있지만, 세계 경제 대국인 풍요로운 일본의 거리가 자전거로 넘치는 것을 보고 놀라지 않을 수 없었던 것이다.

　어느 전철역이나 빌딩, 관공서에 가 보더라도 반드시 자전거와 오토바이 주차장이 있고 셀 수 없이 많은 자전거와 오토바이가 주차된 모습이 낯설지 않다. 대부분 무료이지만, 시내 중심가에서는 얼마간의 자전거 주차료를 받는 곳도 볼 수 있다.

　일본에는 왜 이처럼 자전거가 많을까?

　일본의 공공요금은 무척 비싼 편이다. 전철 기본요금이 우리의 약 4배, 버스 요금은 5배가량 되니 알 만하지 않은가! 물론 각 지방에 따라서 요금은 다소 차이가 난다. 교토의 경우는 일본에서 가장 비싼 곳이다. 아마 일본 천년 고도의 관광지이기 때문일 것이다. 한 정거장의 전철을 타는 데도 220엔, 한화로 약 1,500원이다. 그러나 도쿄의 경우, 도쿄역에서 아키하바라(秋葉原)까지

두 정거장의 전철을 탈 때는 120엔이면 된다.

대중교통 요금이 비싸다 보니 웬만한 거리는 자전거를 이용하게 되고 좀 더 먼 거리는 오토바이를 타고 갈 수밖에 없다. 어느 가정이건 2~3대의 자전거가 반드시 있고 오토바이가 있는 집도 많다.

물론 자동차는 거의 모든 집이 빠짐없이 소유하고 있다.

자전거를 많이 이용하는 또 다른 이유는 환경 문제와 관련 있는 것 같다. 대도시는 자동차에서 뿜어내는 아황산가스 등으로 인해서 공해 문제가 이미 심각한 지경에 이르고 있으니 말이다.

자전거를 많이 이용할 경우, 공해 문제도 어느 정도 해결될 것이고 에너지 절약 효과도 상당할 것이다.

서울에 있을 때는 매일 와이셔츠를 갈아입어도 목덜미 부분이 시커멓게 더럽혀지는데, 이곳 교토에서는 일주일을 입어도 거짓말처럼 별로 더럽혀지지 않으니 말이다.

우리나라도 이제 공해나 에너지 절약을 위해서 노력할 때다.

비가 오는 서울의 중·고교 정문은 세계 어느 나라에서도 찾아볼 수 없는 진풍경을 곧잘 연출하곤 한다. 크고 작은 자가용을 몰고서 학생들을 등·하교시키는 자동차의 행렬은 마치 피난길을 연상시킨다.

요즘 부모들의 '내 자식만 어떻게 되면 됐지' 하는 시의 괴잉보호가 우리 아이들을 멍들게 하는 것이다. 이곳 일본에서는 도저히 상상할 수 없는 풍경이 서울의 하늘에서는 매일 반복되고 있다.

우리도 자전거전용도로를 만들고 보급에 힘쓰자는 얘기가 종종 나왔지만, 아직도 요원한 것 같다. 모든 건물에는 자전거와 오토바이 주차장을 우선적으로 만들고 자전거전용도로도 더 넓혀가야겠다.

석유 한 방울 안 나오는 우리나라의 연간 석유 소비량은 매년 증가 일로에 있다고 한다. 석유 소비를 억제하고 도심 공해 방지 및 국민의 건강을 위해서라도 자전거 보급에 노력해야 한다고 본다.

물론 자전거 보급에 따른 교통사고 예방 교육이나 정책에도 각별히 심혈을 기울여야 할 것이다.

39.
갓파(河童, 캅빠, 냇가에 산다는 상상의 동물)

일본의 옛날얘기에는 '갓파'라는 상상의 동물이 곧잘 등장한다.

'갓파'는 머리 위에 접시를 얹고, 접시에는 언제나 물을 담고 살아간다. 만일 그 물을 엎지르면 '갓파'의 초능력이 없어진다. 성경에 나오는 삼손이 머리칼을 길게 하고 있을 때 초능력을 발휘하는 것과 엇비슷하다.

또한, '갓파'는 어린아이의 모습을 하고 있고 주로 냇가나 연못 등에 살면서 초식, 육식 할 것 없이 무엇이든지 닥치는 대로 잡아먹는다고 한다. 그중에서도 식물 중에서는 '큐리(오이)'를, 동물 중에서는 '어린아이'를 제일 즐겨 먹는다고 한다.

이런 '갓파'의 얘기는 일본 각 지역에 따라서 조금씩 차이는 있지만, 어린아이를 잡아먹고 산다는 것은 똑같다.

'갓파'라는 상상의 동물은 어디까지나 상상 속의 동물이고 옛날 일본의 사회상을 반영한 슬픈 이야기이다.

즉, 일본의 옛날 농촌사회는 먹을 것이 없어서 몹시 빈궁한 생활을 했다. 가뜩이나 먹을 것이 없는데 어린아이가 태어나면 그 부모는 어쩔 수 없이 그 어린아이를 죽이지 않을 수 없었다고 한다.

부모가 갓 태어난 애를 죽인다는 것은 인간의 도리로서 있을 수 없고 그 부모의 가슴에 죽을 때까지 못을 박는 꼴이 된다.

그러나 살아있는 사람이라도 살아가기 위해서는 어쩔 수 없는 일이었으니, 어린아이를 냇가에 버린 그 부모는 어떻게 해서든지 마음의 위로를 받고 싶었을 것이다. 그래서 만들어낸 이야기가 '갓파'라고 한다.

일본어로 '마비끼(間引)'라는 것이 있다. '마비끼'란 농작물의 성장을 촉진하기 위해서 빽빽한 모종을 뽑아 제거해 줌으로써 나머지 농작물이 잘 자라도록 하는 것이다.

이를 인간에 적용한 이야기가 '갓파'이다. 즉, 갓난아기를 죽인 다음 냇가에 버리면 '갓파'가 그 아기를 잡아먹는다고 믿은 것이다.

사실은 부모가 이미 아이를 죽였음에도 '갓파'라는 상상의 동물이 아이를 잡아먹었다고 함으로써 마음의 위안을 삼은 것이다. 그러면서 다음에 태어날 아이는 '마비끼'를 하지 않겠다는 약속도 포함되어 있다고 한다.

비단 가난한 옛날 일본사회의 한 현상만은 아닐 것이다.

어느 나라에나 이와 비슷한 풍습이 있었다고 본다. 우리의 고려시대 때 나이 든 노부모를 '고려장'한 것과 무엇이 다를까?

그러나 일본인들은 악을 저질러 놓고도 어떤 식으로든 마음의 위로를 받으려고 이런 '갓파'의 얘기를 만들어 놓았다는 점에서 그 세심한 배려가 우리와 다르다.

자기 합리화라고나 할까? 이런 현상이 일본에는 지금도 상존하고 있다. 35년간의 일제 식민지에 대한 공식적이고 본마음에서 우러난 사과는커녕, 일제 강점기 때 우리가 근대화의 길을 걷는 데 일조했다느니, 강제 위안부의 강제 차출이 본인들의 의사에 의한 것이었다든지 하는 식으로 망언을 서슴지 않는 정치인들이 아직도 있다.

가장 근본적인 사항, 한반도를 무력으로 강제 점령하여 식민지화하여 우리의 기본권을 말살한 사실은 감추고, 저들에 의해서 우리가 여러 혜택을 받았다고 하니 '갓파'의 이야기와 무엇이 다를까?

이게 바로 일본인들의 본모습(本音, 혼네)이다.

40.
오야(親)

우리의 부모에 해당하는 일본어는 '오야(親)'이다. 어머니를 '하하오야(母親)', 아버지를 '치치오야(父親)'라고 한다. 물론 어머니를 '오까상' 또는 '하하우에'로, 아버지를 '오또오상' 또는 '치치우에'라고도 부르지만, 어떻든 간에 부모를 나타내는 말은 '오야(親)'이다.

그러나 일본의 '오야'는 자기를 낳아준 부모에게만 국한되지 않는다.

부모 이외에도 여러 종류의 사회적 '오야'가 있다. 자기를 낳아서 길러준 부모 이외의 '오야꼬(親子)' 관계는 크게 세 가지로 나눠진다.

첫째, 태어날 때의 '오야꼬' 관계이다.

산모로부터 어린아이를 받아주는 산파를 '토리아게오야(取上げ親)', 어머니의 젖이 나오지 않아서 다른 여자의 젖을 물릴 때, 즉 유모를 '치오야(乳親)', 자기 이름을 지어준 사람을 '나즈께오야(名付親)'라고 한다.

둘째, 성년식을 할 때도 '오야꼬' 관계를 맺는다.

성년식에서 '에보시(烏帽子, 건의 일종)'를 씌워 주고 이름을 지어주던 사람을 '에보시오야(烏帽子親)' 또는 '훈도시오야(褌, 남성의 전통 속옷)'라고 한다.

셋째, 결혼할 때의 '오야꼬' 관계이다.

일본의 결혼식은 반드시 중매인인 '나코오도(仲人)'가 있어야 가능하다. 연애결혼이든, 중매결혼이든 다 그렇다. 중매인도 1인이 아니라 신랑·신부 양쪽 모두 한 명씩 두 명이 필요하다.

중매결혼의 경우에는 중매인이 있어서 문제가 없으나, 연애결혼의 경우 중매인이 없으므로 신랑·신부가 평소에 존경하는 은사나 직장 상사 등을 '나코오도'로 위촉해서 결혼식을 올린다. 이때도 역시 '오야꼬' 관계가 생기나 이는 일회성으로 그치는 경우가 많다고 한다.

이외에도 사회의 조직, 즉 회사 등에서도 '오야꼬' 관계가 성립하는 것이 일본의 사회이다. 즉, 사회적인 '오야꼬' 관계가 그것이다.

어느 조직의 장(長)을 '오야붕(親分)'이라고 하고 그 직원을 '꼬붕(子分)'이라고 한다. 오야붕은 꼬붕에게 책임을 갖고 업무와 기술을 가르쳐 주거나 꼬붕을 지켜주는 구실을 하고 꼬붕은 오야붕에게 봉사함으로써 은혜를 갚는다는 것이다.

또한, 신입사원에게 이런저런 것을 가르쳐 주고 친절을 베풀어 준 선배가 있다면 그 선배에게 '오야붕하다(親分肌)'라고 불러서 친근감을 표한다고 한다.

이런 일본의 '오야붕' 관계가 알게 모르게 우리나라에 들어와 소위 폭력 집단 등에서는 두목을 '오야붕', 그 부하를 '꼬붕'이라고 부르고 있다. 그래서 우리나라 사람들은 '오야붕'이나 '꼬붕'이라고 하면 마치 깡패 집단에서 사용하는 은어인 양 생각하는 사람들도 있는데 실은 그렇지 않다.

또한, 자기 아버지를 '오야지(親父)'라고 부르는 일본의 문화가 우리나라에서는 '오야지'라고 하면 돈을 가지고 있는 물주를 일컫는 말로 잘못 사용되고 있다.

일본의 '오야꼬' 관계는 우리와 달리 그 폭이 훨씬 넓다.

41.
일본인의 출산

옛날에는 일본인들도 동양적 사고에 의해 우리만큼이나 남존여비 사상이 강했던 것 같다. 시집온 며느리는 집의 현관을 통해 출입할 수 없었고 부엌에 딸린 출입문, 즉 '오카떼구치(お勝手口)'를 통하여 들락거릴 수밖에 없었다고 한다. 며느리가 집 안의 정식 현관으로 드나들 수 있는 것은 오직 청소할 때뿐이었다.

또한, 어린이를 출산할 때도 부엌 옆의 '이마(居間, 거실)'에서만 가능했으며 그 밖의 방은 비어있더라도 이용할 수 없었다고 한다.

요즘에는 출산 시 대부분 병원에 입원하여 현대 의학의 혜택을 받고 있지만, 일본의 메이지 유신 때는 '산파(産婆)'라는 조산부가, 그 이전에는 '토리아게바바(取上婆, 조산원)'가 출산을 전담했다고 한다.

아이를 출산하면 제일 먼저 동네의 수호신을 모시는 신사에 데리고 가서 신에게 인사를 시키며, '나즈께오야(名付親)'라고 해서 그 지방의 재력과 덕망 있는 사람이 아이의 이름을 지어준다. 장례의 풍습이 지방마다 다르듯이 출산 풍습도 지역에 따라서 조금씩 다르다.

일본해(우리의 '동해'에 해당)에 접해 있는 지역의 경우에는 주로 어업으로 생계를 유지하고 있고 출산 풍습도 특이하다고 한다.

즉, 임부가 출산 날이 가까워져 오면 마을을 떠나서 깊은 산속의 '우부고야(産小屋)'라는 움막으로 가서 친정어머니나 숙모 등과 지낸다고 한다. 그 외의 사람은 일체 방문이 허용되지 않고 남편만이 먹을 것 등 필요한 물품을 전달하기 위해서 하루에도 몇 번이고 왔다 갔다 해야 한다고 한다.

그러다가 출산의 기미가 보이면 마을에 있는 '산파'가 가서 출산을 돕고, 어머니는 막 태어난 핏덩이를 안고 마을의 신사에 가서 마을의 구성원이 됐다는 것을 인정받는 의식으로 '미야마이리(宮参)'를 행했다고 한다. 여기서 '미야'는 신사를 의미한다.

산모가 '우부고야'에서 출산해야만 하는 것은 부정을 물리치기 위한 것으로 일종의 금기이다. 일본인들은 이것을 '케가레(汚れ,금기)'라고 하며, 신사에 가서 신에게 고하는 것은 성스러움을 나타내는 것으로 '하레(はれ)'라고 한다. 그래서 얼마 전까지만 해도 배부른 임부는 아직 아이를 낳지 않았기 때문에 '케가레(금기)' 상태로 인정되어 신사의 출입을 금했다고 한다.

우리의 경우 출산 때 금줄을 치고 외부인의 출입을 통제했던 게 이들의 '케가레'에 해당하며, 백일이나 돌잔치가 '하레'에 해당할 것이다.

우리에게 임신 중에 임부가 낙지나 오징어와 같은 뼈 없는 생선을 먹으면 태어날 아이가 기형아가 된다는 속설이 있듯이, 일본의 경우는 고등어나 꽁치 등과 같이 등푸른생선을 먹어서는 안 된다고 한다.

아마 산모가 미역국을 먹는 나라는 우리밖에 없는 것 같다. 미역이 산모의 더러운 피를 씻어내는 데는 그만이라는 사실은 잘 알려져 있다.

일본의 산모들은 지역에 따라서 먹는 음식이 다르다고 한다.

우리나라의 경우 아이의 출생 후 37일, 백일, 첫돌 등의 행사가 모두 아이는 물론이고 산모의 건강을 위해서 있다고 한다면, 일본에는 이런 행사가 없다.

다만, 생후 100일째 날에 아이가 먹기 시작한다는 뜻으로 '오타베하지메(お食始)' 의식을 갖는다.

아이의 출생 후 아이만의 행사가 있는 일본보다 산모의 행사가 함께 있는 우리의 경우가 훨씬 더 인간적이지 않은가!

42.
일본인의 현대식 결혼

일본인의 현대식 결혼은 우리와는 상당히 다른 면이 있다.

100년 전만 해도 일본은 전통혼례를 하였다고 한다. 일본 전통혼례는 기모노를 입고 신부가 신랑 집을 방문하여 친지들 앞에서 부부 됨을 고한 뒤 신랑 측 하객들에게 술을 권하고 하룻밤을 지냄으로써 끝난다.

그런 전통 혼례에 변화가 온 것은 19세기 말이었다.

1897년에 '타이쇼 천황(大正天皇)'이 황태자로서 신전결혼식(神前結婚式)을 거행했던 것이 현대 결혼식의 효시라고 한다. 전통 결혼을 현대식으로 바꾼 가장 큰 이유 중 하나는 그 이전의 일반 서민들은 결혼 때 3일간의 연회를 베풀어야 했기 때문에 시간적·경제적인 면에서 많은 어려움을 겪어야 했기 때문이다. 그러나 현대식 결혼은 적은 비용으로 짧은 시간 안에 끝낼 수 있어서 서민들로부터 대환영을 받았다고 한다.

또한, 일본의 국교(國敎)처럼 여겨지는 신전(神前)에서 결혼식을 함으로써 천황에게 충성을 맹세한다는 의미도 포함되어 있다고 한다.

현대식 결혼은 연애결혼이 많지만, 연애든, 중매든 할 것 없이 반드시 '나코오도(仲人, 중매인)'를 세워야 하며, 결혼 1개월 전에는 '유이노우(結納)'라는 우리의 함진아비에 해당하는 행사를 치른다. 함 속에 신부에게 줄 여러 가지 선물을 넣어 신랑과 신랑 부모 등 3명이 신부의 집을 방문하여 택일 등 결혼 계획에 관해서 얘기를 나누며 음식을 대접받는다.

오늘날 우리의 '함'이 친구들의 잔치인 것과는 너무 다르다.

결혼식 절차는 크게 두 가지로 나뉜다.

먼저 신전결혼식(神前結婚式)이다. 호텔이나 일반 예식장에는 반드시 신도(神道)의 교회가 있어서 이곳에서 행하는 결혼 절차이다.

여기서는 '칸누시(神主)'라는 신관(神官)이 절차를 행하며 신랑·신부·중매인 2명·가족·친척 이외에는 들어갈 수 없다. 이때 신랑·신부는 전통 혼례복인 하얀 기모노를 입는다.

신전결혼식(神前結婚式)은 '칸누시'가 신도(神道) 의식에 따라 주문하고, '산콘(三獻, 혼례 때의 헌배)'을 한 다음 '세이시(誓詞, 맹세)'를 함으로써 끝난다. 약 1시간가량 소요된다고 한다.

'산콘(三獻)'은 하나의 술잔으로 참석자 전원이 잔을 돌려가며 술을 마시는 것으로 가족의 연(緣)을 맺음을 의미한다고 한다.

'세이시(誓詞)'는 결혼의 정표로 반지 등 선물 교환을 하는 것을 말한다.

다음으로 2부 행사로 피로연을 하는데, 이게 진짜 결혼식 같은 감이 든다. 참석자들은 신전결혼식 참석자 이외에도 친구나 회사 동료 등이 추가되나, 그 수는 극히 제한된다. 테이블에는 참석자들의 이름이 붙여져 있어서 지정된 자리에 앉게 되어 있다.

먼저 신랑·신부가 곤돌라를 타고 위층에서 내려오는 등 이색적인 방법으로 등장하면 테이블의 참석자들이 박수로 환영한다. 많은 하객 중에서 신랑의 회사 상사가 인사말을 하고 신랑·신부 부친의 친구도 한마디씩 인사말을 한다. 주로 신랑·신부의 성장 과정이나 학·경력을 중심으로 하는 칭찬 일색의 공치사 인사이다. 신랑·신부의 친구보다는 부모의 친구가 인사말을 하는 것을 보면 결혼식 자체가 신랑·신부보다는 부모 중심의 행사인 것 같다.

주빈석에는 커다란 웨딩 케이크가 놓여 있고 신랑·신부가 촛불 점화 후 샴페인을 터뜨려 건배하고 부모에게 꽃다발을 증정함으로써 결혼식이 절정에 이른다.

식사는 보통 2~3시간가량 걸리며 이때 신랑·신부는 하객들에게 술잔을 권하기도 하고 이야기꽃을 피우기도 한다.

마지막으로 신랑·신부의 백·숙부가 참석자들에게 "고맙다."라는 인사를 하면 모든 절차가 끝난다. 그러나 요즘에는 이런 풍습이 더 발전하여 피로연 후 친구들끼리만 가서 먹고 마시고 노는 2차 파티가 유행하고 있다.

오늘날 일본과 우리의 결혼식 문화의 가장 큰 차이점은 참석자의 범위이다. 양가 부모·친인척 등을 포함해 3~50여 명 정도 참석하는 일본에 비해서 우리는 여느 시장판처럼 야단법석이다. 조금이라도 안면이 있다면 청첩장을 돌리고 어중이떠중이까지

다 모이게 한다. 참석자 수가 곧 신랑·신부의 부모나 본인의 사회적 지위나 부(富)의 상징처럼 여겨지고 있다.

일본 현대 결혼식의 좋고 나쁨을 떠나서 우리의 결혼 문화도 한번 생각해 봐야겠다.

43.
일본인의 결혼 풍습

일본의 결혼도 우리와 같이 전통 의식과 현대식의 두 가지로 나누어진다. 전통 결혼식은 기모노를 입고 행하며, 신부는 하얀 두루마기와 모자 같은 것(烏帽子, 에보시)을 쓰는데 순백처럼 보여서 좋다. 우리의 경우는 신랑이 신부의 집을 방문해서 결혼 의식을 갖춘 후 그곳에서 동침한 이튿날에 신랑 집으로 신부를 데리고 오게 되어 있지만, 일본의 경우에는 그 반대이다.

결혼식은 대부분 저녁에 치러지며 신부가 부모·형제·친척 등과 함께 신랑 집을 방문하고 신랑댁에서는 만찬을 준비해 놓고 신부 일가를 기다린다. 마침내 신부 일행이 도착하면 방 안의 상석에 신랑과 신부가 나란히 앉고(신부는 신랑의 오른쪽에 앉음), 양쪽으로 신랑·신부의 하객이 앉는다. 사회자의 지시에 따라서 신랑·신부가 먼저 술잔을 교환하고 부부임을 확인한 다음 신부가 양쪽의 하객들에게 술잔을 권한다. 이때 신랑은 그대로 앉아 있는다. 어느 정도 밤이 깊으면 신부의 하객들은 돌아가고 신방을 차림으로써 결혼식이 모두 끝난다.

우리나라는 신랑이 신부의 족두리나 한복 등을 일일이 벗겨줌으로써 동침을 하나, 일본은 신부 스스로 옷을 벗는 게 또 다르다고 한다.

또한, 부부라 할지라도 한 이불속에서 자지 않는 게 원칙이다. 지금은 2인용 침대나 이부자리가 있으나 일본은 전통적으로 부부라 할지라도 각자의 이부자리를 갖는 게 특이하다. 언젠가 한국 여자가 일본 남자와 국제결혼을 하여 한국에서처럼 매일 밤 한 이불속에서 자도록 남편에게 권했다가 '스께베(すけべ, 색광)'라는 소리를 들었다고 한다. 문화가 서로 다르니 그럴 수밖에 없었을 것이다.

식사 역시 각자 조그마한 상을 받는 게 기본이다.

아무리 가까운 사이일지라도 각자의 밥그릇, 국그릇, 반찬을 먹는다.

우리처럼 온 가족이 그릇 하나에 담아놓고 먹는 법은 없다.

지금은 거의 없어졌다고는 하지만, 신부는 지참금을 어느 정도 가져오게 되어 있다고 한다. 요즘에는 이런 전통 예식이 집에서 행해지는 것보다는 신사나 절 등에서 주로 행해지고 있다.

하객들도 의복에 각별히 신경을 써야 한다. 일단 결혼식에 참석하는 사람들은 으레 검은색 양복이나 기모노를 입는 게 예의라고 한다.

한편으로 현대 예식은 우리와 거의 비슷하나, 우리와 같이 전문 결혼 예식장이 없다. 대부분 현대 예식은 호텔의 예식부나 교회 등지에서 이루어지고 있다.

그러나 현대 예식이라 할지라도 결혼식과 피로연이 확연히 구분된다는 점은 우리와 다르다. 결혼식은 예식장 안에 별도로 마련된 '신또(神道)' 사당에서 가족과 가까운 친척들만 참석한 가운데에서 행해진다.

양가 가족을 합쳐서 30~50명가량 참석하는 게 보통이다.

결혼식에 참석하는 인원을 보면 우리와 너무나 다름을 보고 놀라지 않을 수 없다. 만일 내가 결혼할 경우를 예로 들면, 부모와 형제자매 그리고 조부모를 비롯하여 아버지, 어머니의 형제는 반드시 참석하고, 가장 친한 친구 한두 명 그리고 직장 직속 상관만이 참석할 수 있다. 사촌의 경우는 참석해도 그만이고 참석하지 않아도 된다.

결혼식은 철저하게 일본의 '신또(神道)' 의식에 따라서 치러진다.

그리고 현대 의식이든 전통 의식이든, 중매결혼이든 연애결혼이든 모두 신랑·신부를 보증하는 '나코오도(仲人)'라는 중매인을 반드시 참석시켜야 하는 게 우리와는 또 다른 점이다.

결혼식이 제1부라고 한다면, 제2부는 이름 그대로 먹고 마시고 즐기는 피로연이다. 피로연에는 친구·동창·직장 동료·지인 등 예식에 참석하지 못한 가까운 사람들이 모여서 신랑·신부를 축하해 준다.

예식비는 참석자의 인원수에 따라서 다르지만, 통상 50명을 기준으로 하면 100만 엔가량이 보통이다.

물론 호텔에 따라서 조금씩 차이는 있다고 한다. 호텔 예식장은 우리의 뷔페식당과 대동소이하다. 인원수에 맞춰서 좌석이 마련되고 축하객들의 자리 정리가 끝나면 신랑과 신부가 2층이나 3층에서 곤돌라를 타고 내려옴으로써 피로연이 시작된다.

피로연에 들어가기 전에 사회자는 신랑·신부의 경력 등을 소개하고 특히 직장의 상사는 당사자들의 우수한 점 등을 참석자들에게 일일이 얘기하고 케이크를 자름으로써 분위기가 고조된다.

피로연은 보통 2~3시간 정도 계속하면서 맛있는 음식을 맘껏 먹으며 이야기꽃을 피운다. 보통 1인당 2~3만 엔의 식사비가 든다고 한다.

그러므로 축의금도 2~3만 엔 이상은 해야 한다.

축의금이란 게 실은 하객 자신의 식사비에 불과한 것이다.

일본에서는 결혼식에 초대받는 사람의 수가 극히 적다. 꼭 와야만 하는 사람만 초대한다. 한 번 초청받아 참석했을 경우엔 추후 반드시 그 사람의 결혼에 참석해야만 한다. 그렇지 않을 경우에는 죄인시된다고 한다. 한두 번 만나기만 해도 청첩장을 남발하고 하객 수에 따라서 그 사람의 사회적 지위를 평가(?)하는 우리와는 너무 다르다.

우리도 최근 정부 차원에서 애경사 행사 검소화를 위한 다각적인 시책이 행해지고 있다고는 하나, 국민의 의식이 바뀌지 않고서는 어렵다고 본다.

조선의 향약 정신인 '상부상조'에서 시작된 부조 문화가 요즘에는 그 차원을 넘어서 그 집안의 세력을 상징하고, 뇌물의 온상이 되고, 더 나아가 속된 말로 한몫 잡는다는 식으로 변질되어버렸으니 참으로 안타까운 일이다. 현직에 있는 동안에 자식들 결혼을 서둘러야 한다는 말이 나올 정도이니 말이다.

또한, 결혼 문화도 그렇다. 도대체 우리 것이 없다. 서양의 것도, 일본의 것도 아닌 잡동사니 결혼 문화로 변질되어 버린 현실에 통탄할 뿐이다.

우리가 진정한 선진국 대열에 동참하려면 먼저 우리 한 사람, 한 사람의 의식이 개혁되고, 보다 실질적인 것을 추구하지 않으면 안 된다고 본다. 결혼 문화뿐만 아니라 무엇보다도 정부와 교육계에서는 참다운 부조 문화 정착을 위해서 노력해야 할 것이다.

누가 보더라도 "이것이 한국의 결혼이구나!" 하고 감탄사를 연발할 수 있도록 하고 남에게 부담을 주지 않는 부조 문화를 만들어야겠다.

44.
중·노년층의 이혼 증가

요즘의 일본 부부들은 맞벌이하는 경우가 많으나, 얼마 전까지만 해도 아내는 전업주부로서 남편이 벌어다 준 돈으로 생활을 유지했다고 한다.

그러다 보니 남편은 집안에서 독재자로 군림하고 손가락 하나 까딱하지 않는 게 당연시되었고 아내는 남편의 충실한 시녀에 불과했다. 아무리 불평이 많더라도 감히 남편에게 투덜대지 못한 것이다.

그러나 시대는 물 흐르듯 변해 왔다. 여자의 목소리가 점점 커진 것은 우리와 다름없다. 여성의 사회 활동 증가로 그들의 입지가 그만큼 넓어진 것이다. 이러한 현상은 중·노년층까지 파급 효과를 일으켜서 지금껏 아무 말 없이 남편과 자식의 시중만으로 일생을 살아온 일본 여성들이 차츰 자각의 눈을 떠 자신들의 여생을 좀 더 편하고 보람 있게 살아 보자는 의도에서 중·노년층의 이혼이 증가일로에 있다고 한다.

이혼의 시기는 주로 남편의 정년퇴직 전후로, 이혼하더라도 남편의 연금을 반분할 수 있기 때문이다. 우리가 '여보', '당신'이라고 부르듯이, 일본 여성들은 남편을 '아나따', '안따' 또는 '오또오상'이라고 호칭한다. 그러다가 어느 날 정좌를 하고서 일반적인 남편 호칭이 아닌 성씨, 즉 '야마모또상'이라고 하면서 "나가이 아이다 오세와니 나리마시따(오랫동안 신세 많이 졌습니다)."라고 하면 여자가 이혼을 청구한다는 뜻이라고 한다. 이때는 자녀들도 다 성장하여 거리낄 게 없고, 남편의 연금을 위자료로 받을 수 있어서 여자 자신의 삶을 살아가는 데 최적기라는 것이다. 적당한 가게를 운영하거나 장사하면서 자유롭게 여행하고 사회생활을 하며 지금까지 억눌려 살아왔던 지난날을 보상한다는 의미라고 한다.

시대의 급변과 인류의 파괴 등 지구의 위기를 말하는 사람이 있지만, 이 어려움을 극복할 수 있는 것은 '가정'이라는 공동체밖에 없다고 여기고 있는데 이마저도 파괴된다면 과연 인류는 어디로 가야 할 것인가.

부부는 부부로서 시대에 맞는 도리를 다하고 가정은 그 본연의 기능을 다 할 때 행복한 지구촌이 되지 않을까?

45.
일본인들의 단체여행

서울에서 깃발 하나를 따라 줄지어 가는 일본인 단체 관광객들을 가끔 본 적이 있는데, 이러한 광경을 동남아·유럽 등지 곳곳에서도 쉽게 볼 수 있단다. 또한, 일본 국내 관광도 자주 눈에 띄고 나도 몇 번인가 이들과 함께 단체여행을 한 적이 있다.

일본에서는 단체여행을 '쯔아(Tour, 투어의 일본식 발음)'라고 한다.

어떤 사람은 여행은 혼자 하는 것이 제맛이라고 한다. 그러나 일본인들은 왜 단체여행을 좋아하는 것일까? 여기에는 몇 가지 이유가 있다.

첫째, 낯선 곳을 여행하는 데서 오는 불안감, 출입국 관리에 있어서의 서투름, 외국어 구사의 부족 등으로부터 보호받고자 하는 등 여러 가지 복합적인 심리 상태가 반영되어 있다. 이승만 대통령의 말마따나 "뭉치면 살고, 흩어지면 죽는다."라는 불안감을 단체라는 도구를 통해서 해소하고자 하는 것이다.

둘째, 여행 경비의 절약이다. 국내·외 여행을 막론하고 단체 관광을 하게 되면 평소보다 2~3배 이상 싼값으로 여행이 가능하기 때문이다. 나는 작년 여름에 홋카이도를 4박 5일간 5만 엔의 비용으로 갔다 온 적이 있다. 이 여행비는 오사카의 간사이 공항에서 홋카이도의 치토세 공항까지 오가는 왕복 항공 요금에도 미치지 못하는 금액이다. 단체여행을 하면 경비가 얼마나 싸게 먹히는가를 알 수 있다. 또, 작년 연말에는 오키나와를 2박 3일간 4만 엔에 갔다 왔는데, 간사이 공항에서 나하 공항까지의 왕복 항공 요금이 44,000엔이었으니 일본인들이 단체여행을 선호하는 이유를 알 수 있다.

셋째, 일본인 특유의 집단행동, 즉 단결심이다.

일본인들은 집단에 소속되는 것을 최고의 목표로 삼는다. 그렇지 않으면 남녀노소 할 것이 없이 모든 사회 집단에서 '이지매'를 당하기 일쑤이기 때문이다. 그래서 대체로 우리보다는 집단의 규율을 잘 준수하고 순응하는 것이 일본인이 아닌가 여겨진다.

일본인과 함께 대여섯 번의 단체여행을 하면서 약속 시각에 늦은 경우를 본 적이 없다. 남녀노소를 막론하고 정해진 단체의 규칙을 그렇게 잘 지킬 수가 없다. 여행 일정도 미리 배부된 예정표대로 한 치의 오차도 없이 진행되니 과연 놀랄 만하다. 여행 상품도 생각보다는 알차고 충실했고 안내원들은 처음부터 마지막까지 그렇게 친절하고 열심일 수가 없었다. 그러나 그렇다고 해서 헤어질 때 얼마씩 갹출해서 주는 법은 물론이고 마실 것 하나 건네주는 사람도 없었다. 이에 반해서 우리의 국내·외 부실 관광 상품을 생각해 보면 절로 부끄러워진다.

일본을 적대시하지만 말고 이들에게서 배울 것은 배워야겠다.

또한, 우리나라에서 흔히 사용하는 '해외여행(海外旅行)'이란 말은 일본 사람들이 사용하는 말로서 '국외여행(國外旅行)'으로 바꿔야 한다고 생각한다. 일본은 사면이 바다(海)이기 때문에 바다를 벗어나는 것(外)이 곧 외국으로 가는 것이고 이를 해외여행이라고 했다. 그러나 우리나라는 반도 국가이기 때문에 외국으로 갈 때 바다를 건널 수도 있고 육지를 이용해서 갈 수도 있다. 따라서 앞으로는 해외여행 대신 국외여행으로 명명하는 것이 바람직하다고 본다. '국내여행', '국외여행'이라고 부르는 것이 좋겠다.

46.
일본의 관광 산업

일본은 사면이 바다로 둘러싸인 섬나라이고 전 국토의 약 70%가 산지로 되어 있는 남북으로 기다란 한반도의 약 1.5배가량의 넓이를 지닌 나라이다.

농업과 어업을 겸하는 기마 민족처럼 보이지만, 사실은 옛날부터 농업 국가였다. 일본인들의 주식은 예나 지금이나 쌀이기 때문이다.

이러한 일본이 근대화에 성공하고 메이지 시기인 1888년부터 지방 자치제가 시행됨에 따라서 각 지역 관광 상품개발에 매우 열심이었다. 어느 지역에 가든지 그 지역의 특성에 맞는 상품을 개발하고 관광객들을 위해서 온갖 배려를 하고 있다는 것을 알 수 있다. 예를 들어, 홋카이도에 가 보면 아이누 족이 남기고 간 목각, 오키나와에 가 보면 그 기후에 맞는 흑설탕이나 유리 공예품, 신슈(信州) 지방에 가보면 와사비(고추냉이)를 비롯한 쯔께모노(장아찌처럼 채소를 절인 음식) 등 그 지방에 맞는 관광 상품을 개발해 놓고 있다. 일본인들과 함께 여행하다 보면 이들이 여행을 온 건지, 물건을 사러 온 건지 도무지 구별이 안 될 때도 있다.

일본에서는 에도시대부터 여행을 다녀올 때면 주변 사람들에

게 선물을 주는 것이 관례화되었는데, 이러한 소위 오미야게(お土産) 문화가 지금까지 성행하고 있다. 그래서 일본인이 국내·외를 여행할 때면 한 보따리씩 선물 꾸러미를 사는 진풍경을 자주 볼 수 있다.

그러다 보니 일본의 관광지에서는 자연스럽게 그 지역 특성에 맞는 상품을 개발할 수밖에 없었던 것 같다.

또한, 이곳 여행사들의 관광 상품은 매우 조직적이고 믿을 만한 것이어서 마음 놓고 이용할 수 있다는 것도 관광 붐을 이룬 요소 중의 하나가 아닌가 하는 생각이 든다.

똑같은 관광 상품일지라도 계절과 날짜에 따라서 적게는 2배, 많게는 5배 이상의 가격 차이가 날 때도 있다.

또한, 외국인의 일본 관광을 위해 정부 차원에서 적극적으로 홍보하고 관광 그 자체가 정책 차원에서 이루어지고 있다.

일본의 관광지 그 어디를 가든지 구매 욕구를 북돋아 주니 사지 않고는 못 배기는 게 현실이다. 최근 일본에서는 외국인 관광객이 줄어들자 정부와 관광 업계에서 내국인과 차별화 정책을 펴 유치 활동을 벌일 계획이라고 한다. 예를 들면, 똑같은 관광 상품일지라도 내국인에게는 1만 엔을 받고 외국인에게는 5천 엔을 받는다는 것이다.

관광 수입은 큰 자본의 투자 없이 외화 획득에 그만이기 때문에 정부나 지방 자치단체 차원에서 적극적으로 나서지 않을 수 없다는 것이다.

이러한 일본을 볼 때면 2002년 월드컵 한일 공동 개최가 걱정된다.

외국인 관광객 대다수가 일본에서 관광하며 달러를 소비하고, 그중에서 극히 일부만이 싸구려 관광이라 해서 우리나라를 찾지 않을까 해서다.

우리나라도 이제 지방 자치 시대가 열려서 정착되어 가고 있으므로 각 지역에 맞는 특수한 관광 상품을 개발하고 관광객 유치 사업을 적극적으로 펴나가야겠다. 바가지 상술과 어디를 가도 특색 없이 똑같은 상품으로는 더 이상 소비자의 관심을 끌 수 없을 테니 말이다.

한국다운 관광자원 개발, 그것이 관건이리라.

47.
벚꽃과 단풍놀이

일본인들은 봄에는 '하나미(花見, 벚꽃놀이)', 가을에는 '모미지가리(紅葉狩り, 단풍놀이)'를 가는 것이 하나의 연례행사처럼 되어 있다.

4월 초 회사에 신입사원이 입사해서 제일 먼저 하는 일은 직원들의 벚꽃놀이에 필요한 자리 확보라고 한다. 화사한 봄을 알리는 활짝 핀 벚꽃 아래에서 도시락을 먹고 술을 마시며 노래하고 춤추며 오는 봄을 맞이하는 일본인들의 모습이 참 좋아 보인다.

우리나라 사람들은 '벚꽃' 하면 일본의 국화(國花)처럼 여겨서인지 왠지 거부감을 느끼는 것 같다. 사실 일본의 국화(國花)는 벚꽃이 아니고 황실의 상징인 국화(菊)라는 걸 아는 사람은 많지 않을 것이다.

벚꽃은 일본인들이 가장 좋아하는 꽃이라고 보면 될 것이다. 우리나라 사람들은 벚꽃의 일본식 발음인 '사쿠라(櫻)'라는 단어가 갖는 또 다른 뜻, '야바위꾼'이나 '변절자' 등의 나쁜 이미지를 연상하는 탓에 사쿠라에 대한 거부감이 많은 것 같다. 그러나 우리나라의 진해를 비롯한 전국 곳곳에도 벚나무 숲이 많아 우리나라도 어느덧 벚꽃 관광이 봄의 새로운 명물이 된 지 오래다.

벚꽃이 피기 시작하면 일본의 TV에서는 흥분하여 야단법석을 떤다.

사쿠라 전선이 어쩌고저쩌고하며 노골적으로 벚꽃놀이 여행을 조장한다는 감마저 든다. 일본인들이 벚꽃을 좋아하는 것은 소위 사무라이 기질과 관계가 있다고 한다. 벚꽃은 약 일주일이라는 짧은 기간 동안 화려하게 활짝 피었다가 깨끗이 져 버린다.

불명예보다는 차라리 할복을 택한다는 무사들의 정신이라고 한다.

일본인들은 벚꽃을 보면서 자기네들의 사상을 키우고 이웃 간, 동료 간의 친목을 도모하며 또 기나긴 겨울의 얼어붙음을 훌훌 털어버리는 것 같다.

벚꽃보다 빨리 피기 시작한 매화꽃도 볼 만하지만, 일본인들은 꽃놀이라면 으레 벚꽃놀이를 말할 만큼 벚꽃은 일본의 상징이 되어 버렸다.

한편으로, 봄철의 벚꽃놀이 못지않게 가을에는 전국 곳곳이 단풍놀이로 만원이다. 연일 TV에서는 어디의 단풍이 어느 정도 물들었고 몇만 명이 몰려들었다고 호들갑을 떤다.

우리의 내장산, 설악산의 단풍도 좋지만, 이곳 교토의 '아라시야마(嵐山)'나 '기요미즈데라(淸水寺)'의 단풍은 일본 전국적으로도 유명하다. 정말 형형색색의 단풍을 보면 별천지에 와 있는 느낌이 들 정도로 좋다.

지난 무더운 여름을 그래도 못내 아쉬워하며, 지는 단풍을 보면서 오는 겨울을 채비하는 듯이 야단법석을 떠는 일본인들에게서 그래도 자연과 함께하고자 하는 소박한 모습을 볼 수 있어서 좋다.

일본의 유행이었건, 어떻든 간에 우리나라 사람들도 일본인 못지않게 벚꽃과 단풍놀이를 즐긴다. 우선은 지역 특성에 맞는 상품 개발에 힘쓰고 많은 외국인의 유치 계획까지 마련해야겠다.

자연의 아름다움을 사랑하는 사람치고 악인은 없다고 한다.

늘 자연과 함께 어울려서 자연 속에 파묻혀서 사는 우리나라가 되고 싶다.

48.
기념품(御土産, 오미야게)

　일본인들과 함께 여행하다 보면 이들이 관광여행을 온 건지, 아니면 쇼핑을 하러 온 건지 도무지 구별이 안 될 때가 많다.

　단체 관광 코스도 반드시 그 지방의 특산물을 판매하는 상점이나 공장 등에 방문하게 되어 있다. 이곳의 관광 상품은 우리가 생각하는 것처럼 가볍게 들고 갈 수 있는 정도의 간단한 물건이 아니다.

　된장·와사비·바닷게·생선·건어물 등의 갖가지 식료품을 비롯하여 몇십만 엔, 몇백만 엔 정도 하는 도자기·보석 등에 이르기까지 다양하다.

　여행하고 돌아오는 길에 물건을 사서 주위 사람들에게 건네주는 선물을 이곳에서는 '오미야게(お土産)'라고 한다. 일본인들은 여행하거나 먼 곳으로 출타 후 돌아올 때 가까운 사람들에게 조그마한 선물, 즉 '오미야게'를 하는 게 하나의 관습처럼 정착되어 있다. 이들은 명승고적을 둘러보는 것보다도 상점에 들르는 것을 더 좋아하는 것처럼 보인다.

　만일 여행 후에 '오미야게'가 없다면 주변 사람들로부터 따가운 시선을 받는 건 두말할 필요가 없다.

그러나 요즘 일본에서는 이런 '오미야게' 문화가 불합리하고 낭비를 조장한다고 해서 고쳐야 한다는 목소리도 나오고 있다.

'오미야게'는 언제부터 일본에서 보편화됐을까?

도쿠가와 막부가 들어서면서 '오미야게'를 적극적으로 장려한 것이 오늘날에 이르러서 관습처럼 굳어졌다고 한다. 당시 막부의 쇼군(將軍)이 국내 경제를 활성화하고 각 성의 자치 능력을 배양하기 위해서 '오미야게' 문화를 정착시켰다는 설이 유력하다.

막부시대의 영주 제도와 근대화 과정에서 지방 자치제가 일찍 발달한 탓에 지역별로 그 지방에 맞는 '오미야게'가 잘 개발되어 있다. 몇백 엔부터 몇십만 엔까지 자신의 경제 사정에 따라서 마음대로 고를 수 있고 그 종류도 무척 많다. 많은 '오미야게' 중에서도 식료품이 으뜸이며, 식료품 중에서도 '쯔께모노(소금 등에 절인 음식)', 즉 '우메보시(매실장아찌)'나 '다꾸앙(단무지)' 등이 잘 발달해 있다.

그리고 '오미야게'를 받았을 경우에는 반드시 그에 상응하는 무엇인가를 선물하지 않으면 안 되는 곳이 일본이다. 소위 받아먹고 만다는 얌체족은 같이 살 수가 없는 것이다. 서양식의 '기브 앤 테이크(Give and Take)'라고나 할까? 어차피 플러스·마이너스로 따지면 제로이지만, 일본인들은 무언가를 주고받는 것을 무척이나 좋아하는 민족인 것 같다. 상대방에게 '오미야게'를 하는 것은 '당신에게 지금도 많은 관심을 두고 있다'라는 일종의 정표를 나타낸다고 한다.

가까운 사람에게 건네는 '오미야게'는 몇백 엔, 몇천 엔 정도의 것이어서 뇌물 성향의 것은 찾아보기 힘들다. 말 그대로 정표의 선물로서 오가는 것이다. 그러다 보니 주고받는 사람 모두 큰 부담은 없는 것 같다.

　그러니 '선물' 하면 뇌물을 연상하는 우리도 진정으로 서로의 마음을 주고받을 수 있는 진짜 선물다운 선물을 주고받는 문화를 정착시켜야겠다.

49.
부적(御守り, 오마모리)

작년(1996년) 12월에 내 아들 지현이가 일본에 방문했을 때 필요한 것이 있으면 사 줄 테니 뭐든지 말해 보라고 했더니 예상외로 친구들과 함께 몸에 지닐, 즉 건강을 지켜준다든가 공부가 잘 되도록 해 주는 부적을 원했다.

나는 그때 그런 것은 미신이고 여기는 일본인들을 위한 부적밖에 없다고 단호히 거절했던 적이 있다.

요즘 일본의 학생층이나 젊은이들은 신사나 절에서 파는 부적(御守り, 오마모리)을 몸에 지니고 다니는 게 대유행이다. 이게 어느새 우리나라에까지 전파되어 내 아들 지현이까지 그런 생각을 하는 것은 아닐까 생각하니, '일본의 문화·사회의 침식이 머지않았구나' 하는 생각에 씁쓸하다. 일본은 확실히 오마모리 문화가 발달해 있다. 예를 들면, 어떤 부적을 몸에 지니고 있으면 교통사고 예방·건강·연애운·공부 등을 지켜 준다고 믿고 있다. 특히 신사에 가면 이러한 오마모리를 많이 팔고 있다. 정월 초하루엔 남녀노소 대부분이 이것을 사서 몸에 지니거나 집 안에 장식하는 것이 하나의 풍습처럼 되어 있다. 집 안 장식용 오마모리는 10만 엔 이상이나 하는 것도 있다고 한다.

이름 있는 신사의 것일수록 비싸다고 한다. 오마모리를 사서 1년간 집 안에 장식해 놓으면 1년간 집안의 행복을 지켜 준다거나, 장사하는 가게에 장식해 놓으면 장사가 잘된다고 믿고 있는 것이다. 1년간 장식한 오마모리는 12월이 되면 신사에서 일괄 수거하여 불태우는 의식을 갖고, 또 이듬해 정월 초에는 새로운 오마모리를 사서 장식한다.

우리의 경우와 비교해 보면 아마도 부적의 일종이라고 여겨진다.

우주시대, 첨단전자시대라는 현대를 사는 일본인들이 인간 본래의 길흉화복에 대한 우려와 걱정을 극히 원시적인 방법에 의존하고 있지 않나 심히 우려된다. 그만큼 영적·신앙적인 세계는 현대 문명으로도 어쩔 수 없나 보다.

이러한 일본인들의 행태를 보고 가타부타 얘기할 성질의 것은 아니라고 본다. 첨단 과학이 어떻든 인간은 물질문명의 풍요 속에서 더 소외감을 느끼고 신에 대한 막연한 두려움을 가졌는지도 모른다. 마음이 약해진 사람은 무엇이든지 자신을 위해서 도움이 된다면 무작정 믿는 맹신을 하기 마련이다. 조그만 너구리 인형을 몸에 지니고 있는 일본인들이 돈을 많이 벌 수 있다고 굳게 믿는다면 결국에는 믿는 대로 되지 않을까? 원시사회의 종족이나 마을의 수호신을 믿었던 것과 오늘날 일본인들이 오마모리를 몸에 지니는 것은 하등의 차이가 없어 보인다. 유한한 삶을 사는 인간은 언제나 약한 존재일 수밖에 없을 테니 말이다.

이번 6월 초에 내 아들 지현이와 딸 소현이가 또다시 일본을 방문하면 그때는 아이들의 뜻대로 오마모리를 사 주어야겠다.

50.
가부키(歌舞技, 카부끼)

일본의 전통 연극으로 가부키와 노(能)를 들 수 있다.

가부키는 1603년경 에도시대 초엽에 서민의 대중예술로서 발생하여 지금도 많은 사랑을 받고 있다. 가부키의 가(歌)는 음악적 요소이고, 무(舞)는 춤을 말하며, 기(技)는 연기를 뜻한다고 한다. 즉, 가부키는 한마디로 말해서 일본의 전통적 종합 예술이다.

가부키에는 박력 넘치고 힘 있는 '아라고또(荒事)'와 합리적이고 사실적인 연기를 하는 '와고또(和事)'의 두 종류가 있다. 모두 부자의 정, 남녀의 사랑, 주종 간의 충의 등 인간의 희로애락을 나타내는 것이 목적이다. 가부키가 다른 예술과 다른 가장 큰 특징은 배우가 모두 남자라는 것이다. 물론 에도시대 초창기 이즈모노 오쿠니(出雲阿國)로부터 시작했다는 가부키는 당시에는 여자 야쿠샤(役者, 배우)도 있었다고 한다. 남자가 여자로 분장하여 연기하는 역을 '온나가따(女形)'라고 하며, 객석의 한쪽에 야쿠샤가 등장하는 조그마한 꽃길을 하나미치(花道)라고 한다. 또한, 야쿠샤는 얼굴에 여러 모양의 분장을 하고 연기를 하는데 이 화장법을 '쿠마도리(隈取り)'라고 한다.

감정을 억누르고 좀처럼 표현하지 않는 것을 미덕으로 여겨온 일본인들은 가부키가 나타내는 암시적, 상징적인 성격에서 만족감과 후련함을 느껴 왔다고 한다.

우리의 봉산탈춤이나 마당극과 일맥상통한다고나 할까?

일본인들은 가부키를 보기 위해서 도시락을 지참하고 온종일 극장에 머문다. 그러다 보니 입장료도 비싸서 2~3만 엔이 보통이다.

교토의 전통 가부키 극장인 '미나미자(南座)'는 매일 관객들로 북적거린다. 확실히 우리보다는 옛것에 더 많은 관심을 두고 있는 것 같다.

그러나 가부키에 나오는 '세리후(臺詞, 대사)'는 현대 일본어가 아니라 고어인 관계로 여간해서는 그 말뜻을 알아들을 수가 없다. 다만, 앞뒤 내용을 연결하여 대충 이해할 뿐이다. 일본인에게 물어봤더니 일본인도 그 내용을 100% 온전히 이해하기는 힘들다고 한다.

이에 반해서 노(能)는 지배 계급의 예술로서 가면을 쓰고 연기하는 게 큰 차이점이지만, 인간 내면의 세계를 그럴듯하게 풍자하는 것은 마찬가지이다.

일본이 스모나 가부키를 세계적인 것으로 발전시키려 하듯이, 우리도 판소리나 씨름 등 우리 고유의 것을 계속 전승·발전시키기 위해서 노력해야 할 것이다.

마지막으로 여담이지만, 가부키와 관련하여 우리가 한 가지 짚고 넘어가야 할 것이 또 있다.

노래방 같은 곳에서 노래할 때 "18번이 뭐냐?"라는 말을 함부로 써서는 안 되겠다는 것이다.

본디 '18번'이란 말은 가부키에서 비롯되었다. 극이 진행되는 가운데 클라이맥스, 즉 관중이 흥분하고 최고조의 절정에 달했을 때 가장 인기 있고 멋진 야쿠샤(배우)가 18번째로 나오는 데서 유래한 것이다. 그래서 일본에서는 '18번' 하면 제일 잘하는 것의 대명사가 되어버렸다. 그런데 우리는 그런 것도 제대로 알지 못하고 '18번'이라는 표현을 남용하는 것 같아서 안타깝다.

51.
일본 씨름(相撲, 스모)

　일본의 전통 스포츠로서 가장 인기가 있는 게 '스모(相撲)'이다. '스모'는 일본의 국기로서 우리의 씨름과 많이 닮았으면서도 실은 완전히 다른 형태를 취하고 있다.

　'스모'의 유래는 일본 신화와 관계가 있다. 신화시대에 신들의 힘겨루기에 의한 땅따먹기에서 시작됐다는 전설이 널리 퍼져 있다. 또한, 단지 스포츠로서뿐만 아니라 농경 생활의 길흉을 점치고 신의 마음을 엿보는 행사이기도 했다.

　'스모'는 '도효(土俵)'라는 씨름판(둥근 모래판으로 지름 4.55m)에서 체중과 관계없이 덩치가 큰 선수이든, 작은 선수이든 똑같이 싸우는 데에 그 매력이 있다.

　우리의 씨름은 서로 샅바를 잡고 시작하는 데 비해서 '스모'는 마와시(回し, 일본씨름의 샅바)라고 하는 것을 팬티 대신 두르고 서로가 떨어져서 싸우며, 시키리(仕切)라고 하는 준비 동작에서 타찌아이(立合)라는 서로 맞붙는 동작으로 들어간다. 상대방의 몸의 어느 부분, 예를 들면 머리카락 한 올이라두 먼저 지면에 닿거나 모래판 밖으로 밀려나면 승자가 되는 것이다.

　'스모'에도 우리의 씨름같이 많은 기술이 동원되는데, 이를 키마리테(決手, 결정적인 수)라고 한다. 전에는 48수(手)였지만 현대에는 70수(手)로 정리됐다고 한다.

키마리테 중에서는 요리키리(寄切), 오시다시(押し出し), 하타키코미(叩き込み), 우와테나게(上手投げ), 요리타오시(寄り倒し), 츠키오토시(突落し) 등 주로 33개의 기술을 가장 많이 사용한다고 한다.

또한, 스모 선수는 '반즈께(番付, 순위표)'라고 하는 서열이 엄격하며, 크게 나누어 죠노구치(序口), 죠니단(序二段), 삼단매(三段目), 마쿠시타(幕下), 주료(十兩), 마쿠우치(幕內) 등 6개의 선수층으로 구분한다.

6개의 단계마다 또 순위가 결정되는데, 제일 위의 마쿠우치 내에는 스모의 왕자라고 하는 '요코즈나(橫網)'를 위시해서 '오오제끼(大關)', '세끼와께(關脇)', '코무스비(小結)', '히라마쿠(平幕)' 등, 그리고 1품, 2품 등의 서열이 있고 단계마다 동서로 나누어져 실제로는 같은 동급이 2명씩 있기 마련이다.

이러한 '스모'는 1년에 6회(봄·여름·가을·겨울 등), 1회에 15일씩 행해지며, 일본의 국기로서 일본인들 사이에서 매우 인기가 있다. 특히 일본인들은 예로 시작하여 예로 끝나는 '스모'를 일본의 대표적인 스포츠로 발전시켜 이제는 세계화하려는 움직임을 보인다. 일본 국내에서는 말할 것도 없고 미국, 호주, 유럽 등지에서도 매년 스모 대회를 개최하고 있고, 외국인을 스모 선수로 받아들이는 것도 세계화 추진의 일환이라고 한다.

세계의 그 많은 나라 중에서 '스모'와 같은 우리의 씨름이 행해지고 있는 나라는 몽골과 일본 그리고 우리나라뿐이라고 한다. 아마 몽골로부터 한반도로, 다시 일본으로 전해진 것 같다.

일본이 이런 '스모'를 사랑하고 세계화하려는 것 못지않게 우리의 씨름도 그 명성이 높다. 국내 경기는 물론이고 해외 교포가 많이 사는 미국 등지에서 매년 천하장사 씨름 대회를 개최하고 있다. 우리의 씨름은 체급별로 경기를 진행하고 서로 샅바를 잡고 시작하는 게 다르다고나 할까? 일본의 '스모'도, 몽골의 씨름도 샅바는 없다.

세계화라고 하는 것은 우리의 전통을 보다 발전시키는 데서만 가능하며, 가장 한국적인 것이 가장 세계적이라는 사실을 잊어서는 안 될 것이다.

52.
야구

일본인들은 남녀노소를 막론하고 야구광이라 해도 과언이 아닐 것이다.

고교 야구를 비롯해서 프로 야구에 이르기까지 그렇게 야구를 좋아할 수가 없다.

프로 야구의 '이치로'나 '마쓰이' 등의 선수는 연예인들보다도 인기가 좋고 수입도 최고에 달한다.

지금은 야구가 세계 모든 나라에 널리 보급되어 있지만, 한때는 미국을 위시한 몇몇 나라의 스포츠에 불과했다.

왜 일본에서는 이처럼 야구가 성행할까? 한마디로 말해서 먹고살 만하기 때문이 아닌가 한다. 제2차 세계대전 후 급격한 경제 성장을 이룩하여 경제 대국을 건설한 일본인들이 결국 찾아낸 휴식 공간이 '야구'라는 스포츠인 것이다. '일벌레'라고 불릴 만큼 일밖에 몰랐던 일본인들의 스트레스 해소에는 호쾌한 홈런을 동반한 야구가 그만이었던 것이다.

일본 전국의 고교 야구팀이 4천을 넘는다고 하니 50여 팀밖에 안 되는 우리와 비교해 볼 때 그 붐을 알만하지 않은가! 고교 야구 선수들은 고베라는 도시에 있는 '고시엔(甲子園)' 구장에 나가서 시합해 보는 게 최대의 꿈이고 소원이란다.

고시엔이 곧 일본 야구의 대명사가 되어 버릴 만도 하다. 실내 야구장으로서 동경돔을 비롯해서 금년(1997년)에는 오사카돔, 나고야돔이 완성됐다. 우천 중에도 구애받지 않고 야구를 즐기려는 일본인들의 노력의 부산물이다.

일본의 프로 야구는 우리가 그들에게 아직 미치지 못한 것처럼, 그들도 아직 미국에는 미치지 못한다. 12팀을 센트럴 리그와 퍼시픽 리그로 나누어서 양 리그 우승팀끼리 마지막으로 자웅을 겨루는 일본 시리즈는 단연 최고의 인기이다. 프로 야구 시즌이 되면 모든 일본인은 TV 앞에 앉아서 중계방송을 본다. 마치 프로 야구를 보기 위해 사는가 할 정도로 일종의 광적인 반응을 보인다.

53.
꽃꽂이(生花, 이케바나)

일본 결혼 적령기의 여성들에게는 '시쯔케(仕付け, 가정교육이나 훈육 등)'라는 것이 있다.

'시쯔케'는 일종의 신부 수업으로서 기모노 입는 법, 차를 끓여 마시는 법, 꽃꽂이 등 여자로서의 예의범절을 익히는 것이다.

일본의 전통 예복인 기모노는 우리 한복과 달리 무척 간단해 보이나 혼자서는 입을 수가 없다고 한다. 반드시 기모노 전문점에 가서 입는다고 하니 보기보다는 복잡한 것 같다.

일본이 자랑하는 '오차즈케(お茶漬け)'도 '사도(茶道)'라 하여 차를 끓여 마시는 데까지는 엄격한 절차가 있고 이를 따라야만 제대로 차를 음미할 수 있다고 한다.

이러한 것은 일본 여자로서 반드시 몸에 익혀야 하는 것으로 보통 '시쯔케'라고 하며, 그중 하나인 '이케바나(生花)'는 일본인들이 더욱 높이 자랑하는 것이다. 웬만한 마을에 가면 반드시 '이케바나 교실'이 있고 일본 여성이라면 그 기본 정도는 익혀야 한다고 한다.

일본인들이 '이케바나'를 좋아하는 근본적인 이유는 삼라만상의 우주를 좁은 방 안으로 들여오겠다는 그들의 우주관에서 시작됐다고 한다.

자연의 하나인 인간이 그 자연을 가까이 가져오고 싶어 하는 마음에서였다고 한다. 즉, 자연과 마음을 통하는 생활 예술로서 발전시켜 온 것이 바로 '이케바나'이다.

'이케바나'는 에도 중기 이후로는 십류백가(十流百家)라고 불릴 정도로 많은 파(派)로 나뉘어 일반인에게 널리 보급되기 시작했다. 또한, 꽃의 색채·명암과 따뜻함·청탁·대소·경중·잎·줄기·가지 등의 차이에 따라서 그 아름다움도 다르다고 한다.

그리고 화기(花器)가 금속인지, 대나무인지, 유리인지, 플라스틱인지 등에 따라서도 느낌의 전달이 완전히 다르다고 하니 참으로 신비하다.

기술적으로는 소재의 자르는 법·꽂는 법·구부리는 법·물을 흡수시키는 법 등이 중요하다고 한다.

그중에서도 더욱 중요한 것은 정신과 기술이 결합되어야만 하나의 '이케바나'가 완성된다는 것이다. 여기에서 일본인들의 우주관을 엿볼 수 있다.

즉, '이케바나'의 기본 이념으로 천(天)·지(地)·인(人)을 드는 것이다. 당시의 일본인들은 우주가 천(天)·지(地)·만물(萬物)로 구성되어 있다고 믿었다고 한다. 우주는 최초에 혼돈 상태였으나 그것이 두 개로 나누어져 가벼운 것이 위로 올라가서 천(天)이 되고 무거운 것은 하강하여 지(地)가 되었다는 것이다. 그 두 개를 연결하여 조화롭게 한 것을 만물(萬物)이라고 생각했다. 이를 연결하는 인간은 만물(萬物)의 영장으로서 삼라만상을 대표한다고 여겼다.

이 천(天)·지(地)·인(人)의 원리를 '이케바나' 속에 나타내려 했다는 것이다.

그래서 '이케바나'의 기본은 3본(本)이다. 상단에 높이 올라가 있어서 주도적인 역할을 하는 것이 천(天)이고, 하단에 낮게 보충된 것이 지(地)이며, 중단에서 천지(天地)의 조화를 유지하는 것이 인(人)이다. 이 3본(本)은 또 각각 3본(本)의 가지를 거느리고 있어서 모두 9본(本)으로 완성된다.

또한, 이케바나는 삼각형(人天地)의 형식을 취하면서 킨세(均齊, 균형), 즉 똑같은 대칭이 아닌 킨토(均等, 밸런스)를 취한다고 한다.

이것은 인위가 아닌 자연 그대로의 모습을 나타내기 위해서라고 하니 우리가 생각하는 그런 꽃꽂이가 아니다.

이러한 것은 동양적 사고의 역경에 자주 나타남을 볼 수 있다. 즉, 우리의 태극기, 한글의 모음 등도 모두 천(天)·지(地)·인(人)을 중심으로 한 사상이다.

천(天)·지(地)·인(人)을 중심으로 한 사상이 어디 일본의 '이케바나'에만 있겠는가!

우리의 인내천(人乃天) 사상이나 한글의 생성 원리만 봐도 여기저기서 찾을 수 있다.

우리는 묻혀버린 과거의 우리 것을 발굴하여 발전시키기 위해서 노력해야겠다. 이게 곧 세계화가 아닐까?

54.
일본의 동요

　'동요'라고 하면 누구나 일본의 용어임을 쉽게 알지 못한다. 우리말로 번역한다면 '어린이 노래'라고나 할까? 어른들의 노래와 비교해 봤을 때 어린이들이 즐겨 부르는 노래라는 뜻이다. 이런 동요가 우리나라에 들어온 것은 일제 강점기 때라고 하니, 우리의 동요도 일본의 지대한 영향을 받아서 오늘에 이르게 되었다.

　'동요'는 크게 세 가지로 나눌 수 있다.

　첫째, '와라베우타(童歌)'로 어린이가 놀이하면서 필요에 의해서 만든 노래이다. 전래 동요와 비슷하다고 보면 될 것이다.

　둘째, 어른이 어린이를 위해서 만들어 준 노래로, 19세기 말에 일본의 문부성이 중심이 되어 만든 '쇼카(唱歌, 창가)'가 그것이다. 우리나라에서도 한때 창가가 불린 때가 있었다.

　셋째, 어른이 만들었으나 정부가 아닌 민간, 즉 시인이 중심이 되어서 만든 좁은 의미의 '동요(童謠)'이다.

　일본은 메이지 유신(明治維新) 이후 위 세 가지 동요 중에서 창가를 학교의 정식 교과로 두고 가르쳤다고 한다. 이게 20세기 초에 우리에게 전해져 창가가 시작되고 선각자들에 의해서 동요가 만들어지기 시작한 것이다. 방정환 선생의 색동회 조직 및 동요 만들기가 바로 그것이다.

그러나 우리는 아직도 일본만큼이나 동요의 보급에 힘쓰지는 못하고 있는 것 같다. 어린이뿐만 아니라 어른도 함께 부를 수 있는 건전하고 좋은 동요를 많이 만들어서 보급하고 전래 동요의 발굴에도 힘써서 국민 정서를 원활히 하고 민족의 혼을 심기 위해 노력해야겠다.

서양적인 음악만 판을 치고 있는 요즘의 세태를 볼 때 한 번쯤 되돌아볼 일이다.

55.
세계 문화유산

이곳 교토는 일본의 천년 고도로서 기요미즈데라(淸水寺), 킨카쿠지(金閣寺) 등 10여 곳 이상이 세계 문화유산으로 등록되어 있다고 한다. 물론 나라(奈良)도 고도로서 많은 절과 신사가 등록되어 있다. 확실히 옛날 선조들의 발자취가 우리보다는 잘 보존되어 있어서인지는 모르겠지만, 세계 문화유산으로 등록된 숫자가 우리보다 훨씬 많다.

작년에는 히로시마의 원폭 투하 지점이 세계 문화유산으로 등록되더니 이번에는 조만간 나라의 정창원(正倉院, 奈良의 東大寺 안에 있음)이 또 등록될 것이라고 한다.

일본인들은 자신들이 만든 지금까지의 역사를 세계에 창달하는 형식으로 세계 문화유산 등록을 서두르는 모양이다. 그게 사실이다. 오랜 역사와 전통을 가진 우리의 것은 전화(戰火) 등으로 소실되어 남아 있는 게 얼마 되지 않으니 한없이 부러울 뿐이다.

제2차 세계대전 원폭 투하 시 미국의 국무부에서조차 교토(京都)는 문화유산이 집적되어 있으므로 절대로 투하해서는 안 된다는 정책까지 있었다고 한다.

확실히 일본인들은 옛것을 우리보다는 잘 보전·발전시켜온 것 같다.

문화유산의 풍부함이 그것을 잘 말해 준다. 눈에 보이는 유적뿐만 아니라 눈에 보이지 않은 무형의 각종 축제, 하이쿠(俳句, 시조 형식의 옛날 시), 센류(川柳, 5·7·5조의 17음 정형시로 장시) 등까지 그러하다.

그러나 찬찬히 일본의 문화유산을 들여다보면 우리와 관계되지 않은 것이 거의 없다. 각종 절이나 신사의 목조 건물·의복·도자기·축제·하이쿠 등의 시 짓기 놀이 모두 과거의 우리 것과 별 차이가 없다.

TV에 종종 방영되는 일본 민요도 발음만 다를 뿐, 창법 역시 닮은 점이 너무 많다. 일본인들은 지금도 '하이쿠'라는 우리로 치면 '오언절구'인 한시와 같은 형식의 시 짓기 놀이가 남녀노소 사이에 매우 성행하고 있다. 천 년 이상을 면면히 지켜온 이들의 놀이와 문화유산 보전에 감탄사를 연발하지 않을 수 없다.

일본도 이러한데 우리의 문화유산은 얼마나 많을까?

그러나 우리는 지난 것을 근대화라는 미명하에 너무도 무참히 짓밟아 왔다. 비근한 예로 시골의 그 어디를 가 봐도 우리다운 마을은 단 한 곳도 눈에 띄지 않는다. 수원 화성, 순천 낙안읍성, 안동 하회마을 등 일부러 만들어놓은 민속촌 말고는 소위 새마을 운동이라는 핑계로 전통적인 우리의 삶이 불편하다는 이유로 일시에 모두 시멘트·벽돌로 바꿔버린 것이다. 농촌까지 말이다. 그러다 보니 과거의 고찰이나 선조들의 문화유산이 어찌 제대로 지켜져 왔겠으며, 민족 고유의 행사가 어떻게 전승될 수 있었겠는가?

나는 아직 40대 초반이지만, 내 어린 시절의 명절과 지금의 그것과는 너무나 큰 대조를 보임을 느낀다. 그래서는 절대 안 된다.

우리의 고유한 것이 조금 불편하고 불합리하다 할지라도 한민족은 한민족답게 우리의 문화유산을 지키며 살아가야 하지 않을까?

우리의 문화유산을 잘 보전·발전시킴은 물론이고 우리의 기억에서 잊힌 것이나 사라진 것들을 계속 발굴하여 전승하도록 해야겠다.

56.
관서 방언(關西弁, 간사이벵)

일본의 표준어는 지금의 수도인 도쿄의 중류사회에서 현재 사용하는 말이다. 일본어(일본의 국어) 사전도 물론 이를 기초로 하여 단어가 수록되어 있다.

그러나 일본사회도 표준말 이외에 우리나라와 같이 각 지역에 그 지방 고유의 사투리, 즉 방언이 남아 있다. 이 사투리를 '나마리(訛)'라고 한다. 방언은 홋카이도부터 오키나와에 걸쳐서 모든 지방에서 지금도 사용하고 있지만, 그중에서도 그 색채가 강한 것이 '관서 방언(關西弁, 간사이벵)'이다. 에도시대 때는 일본 천황이 머물던 교토 및 오사카를 중심으로 한 '긴키(近畿)' 지방, 즉 '간사이(關西)'와 도쿄를 중심으로 한 '간토(關東)'로 지역이 나누어져 있었다. '간사이' 지방을 '니시니홍(西日本)', '간토' 지방을 '히가시니홍(東日本)'이라고 부른다.

'간사이' 지방은 '나라시대' 그리고 '헤이안시대'를 거쳐서 1,200여 년 이상 오래도록 일본의 수도였으며 정치·경제·사회·문화의 중심지였다. 일본의 국보급 문화재의 대부분이 이 '간사이' 지방에 집중된 것도 이 때문이다. 천황 즉위식을 '쇼와 천황(昭和天皇)'까지는 교토의 '코오쿄(皇居)'에서 거행했으나, 지금의 '헤세 천황(平

成 天皇)'만이 도쿄의 황궁에서 거행했다고 한다. 지금도 일본 천황이 거하는 '코오쿄'는 도쿄와 교토의 두 개소에 있다.

그러다 보니 현재 일본의 수도는 분명히 도쿄이지만, 교토를 중심으로 한 간사이 지방 사람들은 아직도 교토가 일본의 수도인 양 생각하고 있다.

한마디로 말해서 간사이 지방 사람들은 간토 지방 사람들을 무시하는 경향이 있다. 그 지방 색채에 대한 우월감은 생활 속 곳곳에서 나타난다.

TV·라디오·신문 등의 언론 매체는 표준어를 사용하는 것이 당연하겠지만, 간사이 지방은 그렇지가 않다. 간사이 지방의 대표주자 격인 오사카나 교토의 방송국이나 신문 등은 간토 지방의 표준어보다는 자기네들의 방언을 그대로 사용하고 있다. 간사이 지방의 사투리를 '간사이벵(關西弁)'이라고 한다. 또한, '간사이벵'을 잘 모르는 사람들을 위해서 간사이벵 사전까지 만들어서 팔고 있으니 알다가도 모를 일이다.

간사이 지방 사람들이 간토 지방 사람들을 만났다가 마음에 들지 않고 화가 날 때면 전혀 알아들을 수 없는 간사이벵을 지껄여댄다고 한다.

이러한 간사이벵의 예를 들어 보면, 상점 등에서 물건을 사고 나올 때면 종업원이 "오오키니(大きに)."라고 인사하다. 이는 '감사하다'라는 뜻으로 "아리카토우."가 표준어이지만 간사이 지방 어디에 가더라도 자주 들을 수 있는 말이다. 그러나 도쿄 등 간토 지방에서 온 사람들은 처음에 이 말이 무슨 뜻인지 잘 알아듣지 못한다. '오오키이(大きい)'라는 말은 '크다'라는 표준말이기 때문에 헷갈릴 수밖에 없다. '오오키이'를 '오오키니'라고 잘못 발음한 게 아닐까 하고 생각해 보지만, '오오키이(크다)'라는 말이 그 상황에 전혀 어울리지 않는 말이기 때문에 더욱더 어리둥절할 수밖에 없다.

이처럼 현재와 과거의 수도, 즉 간토와 간사이 지방 사람끼리는 지역 차별적인 감정을 갖고 있다. 그러나 우리의 지역 차별 감정과는 다르다.

별로 대수롭지 않게 지역 차별적인 말을 하는 일본인들이다. 언젠가는 TV 프로에서 한 출연자가 결혼 상대를 고를 때 간사이 지방 여자가 아니면 안 된다는 식으로 서슴없이 말하는 것도 본 적이 있다.

하기야 일본은 천황 중심의 문화라 천황의 거소가 도쿄와 교토에 각각 있었으니 그럴 만도 하다.

언어의 부드러움으로 말한다면 간사이벵이 훨씬 상냥하고 친근감이 있다. 도쿄의 표준어는 다소 딱딱한 느낌이 드는 것도 사실이다.

도쿄의 여행 안내소에 방문하여 길을 물어보면 어쩌면 무뚝뚝하다는 감마저도 든다. 일본의 시대극(역사 이야기 등을 다룬 옛날 영화)을 보면 대화의 대부분이 간사이벵이다. 표준어만 공부해서는 일본을 제대로 이해할 수 없는 게 현실이다.

우리의 방언은 어떠한가?

크게 전라도와 경상도 방언으로 나눌 수 있을 것이다. 여기다 가 충청도 방언도 추가할 수 있겠지만, 충청도 방언은 전라도와 그 맥을 같이하고 있기 때문에 구태여 나눌 필요는 없다고 본다.

문제는 이 방언, 즉 전라도냐, 경상도냐에 따라서 출신 성분이 결정되고 조직에서 출세하는 데 유불리로 작용하고 있다는 것이 다. 지역 차별적으로 방언이 이용되는 것이다. 그래서 어떤 사람 은 불이익을 당하지 않기 위해서 자기 고향의 말을 감추는 경우 도 있다고 하니 이를 뭐라고 말해야 좋을지 모를 일이다.

혹자는 삼국시대 때 신라와 백제의 대결 당시부터 영·호남 지 역감정의 뿌리가 있었다고들 하지만, 정말 그럴까 하는 의구심마 저 든다.

어느 시대나, 어느 나라나 지역감정은 있기 마련이다. 그러나 이 러한 감정을 정치에 이용할 경우 그 역기능은 상상을 초월한다.

지금의 정치인들은 이 점을 명심해야 할 것이다.

57.
장인정신(匠人精神)

일본의 음식점이나 가게에 갔을 때, 어쩜 그렇게 허술하고 눈에 띄지 않는 평범한 가정집처럼 보이는데 과연 장사가 잘될까 하고 의심을 가졌던 적이 있다. 내가 사는 곳만 해도 주택가의 보석상·쯔케모노(漬け物, 절인 음식) 집·오코노미야키(御好み焼き, 빈대떡 요리) 집 등이 모두 그렇다.

그러나 점심이나 저녁 등 일정한 시간대가 되면 발 디딜 틈이 없을 정도로 무척 분주하다. 속된 말로 아는 사람은 다 알고 가게를 찾는다. 이런 집들은 늘 정기적으로 그 집을 이용하는 소위 단골을 많이 확보하고 있다. 최근에 집 근처에 으리으리하게 장식한 야키니쿠(焼肉, 고기구이) 집이 새로 생겼다. 간판도 크고 실내 장식도 매우 화려하며 저녁에는 네온사인이 현란한 가게다. 그러나 그 가게를 지나칠 때면 안타까운 생각이 먼저 든다. 오픈한 지 6개월이 지났지만, 아직껏 손님다운 손님이 보이지 않고 있으니 말이다. 네온사인도 없고 간판도 보일락 말락 한 초라한 옆의 가게는 손님들로 북적거리는데 그 가게는 파리만 날리고 있다. 이른바 단골 확보가 아직도 멀었다.

일본인들은 어떠한 연유에서든지 한 번 그 가게를 이용하면 죽을 때까지 변함없이 이용한다고 한다. 그래서 100년, 200년 그리고 500년의 전통을 이어온 가게가 상당수 있다.

부엌칼을 만드는 집이나, 과자를 만드는 집이나, 그 어떠한 장사든지 대대로 이어온 전통이 없으면 살아남기가 힘들다는 결론이다. 소위 가업은 그 집안의 자랑거리로 계속해서 대를 이어야만 하는 것이다.

만일 어느 우동 집의 장남이 도쿄대학을 졸업했다고 해도 우동 집의 대를 이을 사람이 없을 경우엔 아무런 불평 없이 낙향하여 우동 집을 경영한다는 것이다.

그러다 보니 일본은 어느 분야에 특기가 있는 장인이 존경받는 사회로 성장할 수 있게 되었다.

기술을 천대해 왔던 우리와는 확실히 다른 점이다. 일본의 기술이 세계에서 그 명성을 날리는 것도 이 장인정신에서 기인한다고 본다.

물론 우리사회도 요즘 많이 변한 것은 확실하나 대학을 졸업해서 고급 공무원이 되거나 대기업의 중역이 되어야만 출세했다고 여기는 생각이 아직도 뿌리 깊게 남아 있는 것 같다. 일류 대학을 졸업하고 낙향하여 집안의 가업, 즉 장사나 농사를 짓는다면 조금은 이상한 눈으로 보는 것도 부정할 수 없는 사실이다.

특정 분야에 탁월한 사람이 존경받고 대접받는 사회, 직업의 귀천을 말하지 않는 사회가 되어야만 할 것이다.

58.
고령화사회

일본은 선진국 대열에 들어서면서 출산율이 현저히 줄어든 나라 중의 하나다. 젊은이들이 결혼하지 않고 독신으로 지내려는 경향이 짙고, 설령 결혼한다 해도 출산을 꺼려 어린이 수가 감소하는 이른바 '쇼시카(少子化)' 현상이 나타나고 있다. 이런 상태로 간다면 100년 후에는 지금의 일본 인구의 절반 수준으로 줄어들 것이라고 인구학자들은 경고한다.

어린이 수는 감소하고 의학 기술의 발달과 위생에 대한 상식이 높아짐에 따라서 75세 이상의 고령화 인구가 급속히 증가하고 있다.

노인 인구의 증가는 정부의 연금 지불에 대한 부담을 가중시켜 머지않아 연금이 바닥을 보일 거라고 한다. 그래서 금년(1997년) 4월 1일을 기점으로 소비세를 2% 올려서 재정 충당을 꾀하고 있으나, 이마저도 임시방편에 불과하다고 한다.

노령 인구가 늘어나 고령화사회로 접어들면서 일본정부가 가장 심혈을 기울이고 있는 것 중의 하나가 노인 복지이다. 우선 유료 양로원을 전국에 건립해 노인 부부가 호텔과 같은 환경에서 생활하고 의료를 비롯한 스포츠, 쇼핑 등 모든 것을 한 건물에서 끝낼 수 있도록 하는 것이다.

이런 종합 복지 시설이다 보니 당연히 가격이 비쌀 수밖에 없다.

또한, 사회 복지사나 보란티아(Volunteer, 자원봉사자) 제도를 적극적으로 활용하여 거동이 불편한 노인들의 시중을 들어 주는 복지 제도를 실시하고 있다. 물론 의사나 약사의 가정 방문 치료도 병행하고 있다.

그러나 경제 대국인 일본도 재정 부족으로 이러한 사업을 계속 추진하는 데 많은 어려움을 겪고 있다.

일본이 이러한데 하물며 우리의 경우는 어떨까?

우리사회도 벌써 고도산업사회를 거쳐서 고령화사회로 접어들었다고 한다. 정부는 마땅히 이에 대비하는 정책을 제시하고 추진해야 할 것이다.

선진국형 인구 구조에서는 생산 현장에 투입되는 노동력보다도 놀고먹는 유휴 노동력이 훨씬 많다. 이제까지 1명의 생산 인구가 3명을 먹여 살렸다고 한다면 앞으로는 5~6명을 먹여 살려야 하는 현실에 부딪히게 된다는 것이다. 그만큼 우리의 젊은이들의 어깨가 무거워진다.

늘 당리당략에 휩싸여 쓸데없는 정치 논리나 내세우고 국민의 복지 등은 뒷전으로 밀리는 우리의 현실에서 우리 노인들의 앞날은 암담할 뿐이다. 모두 지혜를 모으고 합심하여 눈앞에 닥친 고령화사회에 슬기롭게 대비해야겠다.

59.
보란티아(자원봉사자)의 정착

2년 전 한신대지진 때 일본 각지에서 자원봉사자가 쇄도하여 지진으로 파괴된 마을 복구에 커다란 도움을 준 이후로 지난번 '후쿠이(福井)'현 앞바다에서 러시아의 기름 탱크 침몰로 유출된 기름 회수 작업 또한 많은 자원봉사자가 몰려들어 일본에서는 소위 보란티아(자원봉사자) 제도가 정착됐다고 한다.

어느 나라나 일반적인 현상이지만, 행정의 관료화로 인한 대처 능력 지연과 무사 안일로부터 지역의 피해를 조금이라도 줄여 보려고 하는 주민들의 봉사 노력은 높이 살 만하다.

우리나라에도 일찍부터 이러한 아름다운 모습이 있었다. 아마 조선의 향약과 같은 맥락이 아닐까 생각해 본다. 자연재해로부터의 피해를 상부상조하여 조금이라도 줄여 보려는 것은 인간의 당연한 행위가 아닐까?

언제나 기고만장하고 만물의 영장이라고 으스대는 인간도 자연의 위대함과 무서움을 알고 나서는 경외감을 느끼지 않을 수 없는 게 사실이다. 현대는 우주시대라고 하지만, 인간의 힘으로도 어쩔 수 없는 현상이 종종 일어난다. 이때야말로 인간은 신이 아니라 인간임을 실감해 왔다.

그 때문에 곤경에 처한 이웃을 돕는 것은 남의 일이 아니라 곧 자기의 일로 간주할 수밖에 없었다.

우리도 몇 년 전 삼풍백화점 붕괴 사고 당시 많은 자원봉사자가 활동하여 귀중한 인명을 구하는 데 큰 도움을 준 적이 있다. 어떤 집은 가족 전체가 자원봉사에 나선 경우도 있다고 한다. 이런 상부상조의 정신은 예로부터 우리네를 따라올 민족이 없을 만큼 우리에게는 지극히 당연한 것이었다.

그러나 산업화·핵가족화 등이 급속히 추진되면서 지나친 개인주의 경향에 빠져서 이웃과의 소통 없이 지내는 게 어느덧 체질화된 듯하다.

주민 개개인도 문제이지만, 정부도 이런 것에 눈을 돌릴 만한 여유가 없었던 것 같다. 그러다 보니 우리다운 것은 우리 곁에서 하나둘씩 멀어져 가고 우리의 모습도, 생각도 점차 서양인들 이상으로 개인주의 경향으로 변해버리고 만 것이다. 나와 내 가족만 잘살고 무사하면 된다는 극히 무서운 사고가 상당 기간 만연해 있었던 것을 부정할 사람은 아무도 없을 것이다.

그러나 이제는 우리도 어느 정도 살 만한 위치에 와 있다. 조금은 주변을 돌아봐야겠다. 누군가가 인간은 사회적 동물이라고 했듯이, 이웃과 어울려 살지 않고서는 존재할 수 없는 게 우리 인간이다. 지방 자치 제도도 본격적으로 궤도에 올라있는 상태이므로 각 지역 특성에 맞는 프로그램을 개발하여 이웃과 어울려 사는 방법을 마련해야겠다.

웃음과 정이 넘쳐흐르는 이웃은 곧 성경에서 말하는 천국이 아닐까 생각해 본다.

정다운 이웃일 때면 어려운 이웃을 보고 너나할 것 없이 돕게 되고 기쁜 일이 있을 때는 함께 기뻐하게 될 것이다.

일본에 자원봉사활동이 정착됐다면 우리는 활짝 꽃피웠어야 옳다. 예부터 우리는 그래 왔으니 말이다. 정부와 민간단체 등의 지도자들도 이웃의 구심점을 찾아주는 데 노력하여 밝은 우리사회를 만들어야겠다.

60.
야라세 반구미
(遣らせ番組, 미리 짜고 하는 TV 프로그램)

일본의 TV 프로그램을 보면 오랫동안 못 만났던 은인이나 선생님, 애인, 더 나아가서는 이혼 가정에서 자란 어린이가 성인이 되어서 부모 등을 찾거나, 가정이나 본인에 문제가 있어 중·고교 시절에 가출한 후 부모에게 걱정을 끼쳤다가 성장하여 배필을 만나 결혼식에 그 부모를 초대한다는 등의 내용을 담은 프로그램이 종종 방영되곤 한다.

이는 '아나따니 아이따이(貴方に會たい, 당신을 만나고 싶다)'라는 프로그램이다.

가령 A라는 사람이 헤어진 어머니를 찾는 것이라면 처음부터 내용을 재구성하여 다큐멘터리 형식으로 만들고 실제 인물도 등장한다.

대부분이 가슴 아픈 사연이 많다. 흔한 얘기로 눈물 없이는 볼 수 없는 가슴 아픈 내용이 주류를 이룬다. 하나의 이야기를 구성하기 위해서 소위 상담자나 탐정 등 10여 명 가까이 되는 사람들이 등장한다. 문제는 방송에 출연한 그 상담자들이 자신이 추적하고 인터뷰한 내용을 모니터를 통해 보면서 하염없이 눈물을 흘린다는 것이다. 한 번에 그치는 것이 아니라 매번, 프로그램마다 똑같은 출연자들이 운다.

좀 더 심하게 얘기하면 출연자들은 출연료를 받고 시청자들에게 눈물을 흘려주는 연기를 한다고 말해도 좋을 것이다.

이렇게 일부러 슬프거나 재미있게 꾸며서 시청률을 높이는 프로그램을 일본에서는 '야라세 반구미(遣らせ番組)'라고 한다.

어떤 사실을 사실대로 전달하는 것보다는 그럴듯하게 각색해서 시청자들을 TV 앞에 앉도록 하는 것이다. 일본의 TV는 이러한 '야라세 반구미'가 지나칠 정도로 많다. 그러다 보니 자연히 오락이나 흥미 중심의 프로그램으로 치우친다고나 할까?

또한, 뉴스부터 다큐멘터리, 오락 프로그램에 이르기까지 혼자서 진행하는 경우는 거의 없다. 대부분 5~6명 이상의 출연자들이 동시 진행하는 형식을 취한다. 어떤 때는 TV가 아니라 동네 아저씨, 아주머니들이 사랑방에 모여 앉아서 잡담하고 있다는 인상을 받을 때도 있다.

물론 한국인의 눈으로 보는 나의 사고가 일본의 그것과는 어울리지 않을 수도 있겠지만, TV가 미치는 그 막대한 파급 효과를 생각해 보면 일본의 TV 프로그램은 다소 문제가 있다고 보인다.

너무 흥미 위주이고 시청률에 집착한다는 느낌을 떨쳐버리기가 쉽지 않으니 말이다. 물론 흥미와 오락적인 요소가 가미되지 않은 TV 프로그램은 시청자를 불러들일 수 없다. 그러나 TV가 수행하는 그 많은 역할 중에서는 교육적인 요소도 있다는 것을 잊어서는 안 된다고 본다. 부모나 선생보다도 더 엄청난 영향을 미치는 TV인 만큼 자칫 이런 것을 우리의 TV 프로그램도 배우지 않을까 걱정이 된다. 아니, 벌써 일본의 TV를 상당히 모방하여 흉내 내는 부분도 많다. KBS의 〈TV는 사랑을 싣고〉라는 프로그램이 그 예다. 정말 자신이 만나 뵙고 인사를 드려야 하는 그런 소중한 사람을 만인이 보는 TV 앞에서 갖가지 짓거리(?)를 다 해가며 꼭 그런 식으로 만나야 하며, 그래야만 좋아 보이는지.

일본 TV의 '야라세 반구미'와 조금도 다름이 없다. 하기야 이 프로그램 자체가 일본 것을 모방한 것일 텐데 어쩔 텐가!

61.
토오리마(通り魔, 묻지 마 폭행)

　재작년 일본의 도쿄에서는 옴진리교(オウム真理教) 신자들에 의한 지하철 사린가스 테러 사고로 많은 사상자가 발생해 세상이 떠들썩했던 적이 있다. 지금도 그 관련자들의 재판이 진행되고 있지만, 이런 부류의 사건이 종종 이곳 일본에서는 일어난다. 불특정 다수를 대상으로 지하철에 독가스를 살포하여 사회 혼란을 야기하는 것이다.

　이와 비슷한 사건 중의 하나로 '토오리마(通り魔)'라는 것이 있다. 아무런 원한이나 목적도 없이 일면식도 없는 지나가는 행인을 상대로 흉기를 휘두르거나 죽게 하는 사건이다.

　어떠한 원한이 있거나 금품을 탈취하기 위한 것이 아니라는 점에서 강도와는 다르다.

　최근 고베와 오사카에서 초등학교 여학생과 임산부가 '토오리마(通り魔)'를 당했는데, 어린 초등 여학생은 사망하고 임산부는 태아만 잃고 다행히 목숨은 건졌다고 한다. 경찰 조사 과정에서 임산부를 습격한 범인에게 범행 동기를 물어봤더니, "지나가는 모습이 하도 행복해 보여 순식간에 칼을 휘둘렀다."라고 했다. 이런 부류의 사건은 우리나라에서도 종종 일어난 적이 있다. 뚜렷

한 목적이나 대상 없이 불특정 다수나 행인에게 순식간에 피해를 주고 달아나는 범행이다.

일본에서는 이를 '토오리마(通り魔)'라고 한다. 왜 이러한 범죄가 발생할까? 범인들 개인별로는 여러 가지 정신적 상태나 이유가 있을 수 있겠지만, 무엇보다도 풍요로운 자본주의사회에서 오는 '인간 소외'의 발로가 아닐까 하는 생각을 해 본다. 자신의 지금 처지는 말로 할 수 없는 처참한 상태에 처해 있고, 자신만 그런 상태에 빠져 있고 다른 사람들은 고민도 없고 다들 행복하게만 보이는 인간 소외가 그것이다.

사회가 산업화되고 여권의 신장 그리고 핵가족 현상이 급속히 전파됨에 따라서 부부 중심 가정생활에서 발생하는 여러 가지 문제, 즉 부부 불화나 이혼 등으로 인해서 어린아이가 받는 충격, 맞벌이 부부의 증가로 인한 어린아이에 대한 사랑 결핍 또는 과잉보호, 자본주의의 발전에 따른 빈부의 격차 심화 등등… 이런 문제를 안고 사는 현대인들의 정신은 정상이 아니라 일종의 정신질환 현상을 보이는 것은 아닐까? 다행히 주위 환경이나 자신의 노력으로 이런 문제를 원만히 해결한 사람은 별문제 없이 사회에 적응하며 생활하겠지만, 그렇지 못한 사람은 공허함과 소외감으로 반사회적 반응을 보이는 게 바로 '토오리마(通り魔)'가 아닐까 하고 생각해 본다.

루소의 말마따나 인간은 사회적 동물이라고 한다. 혼자서는 살 수 없는 것이다. 자유 민주주의, 자본주의의 발전과 개인주의의 심화에 따른 여러 사회적 병폐를 정부와 민간 차원에서 좁히려는 노력이 필요하다고 본다. 이웃집 사람들은 모두 굶고 있는데 나만이 배불리 잘 먹고 살 수 없는 것이 우리의 현실이다.

먼저, 현대 물질문명의 진보에 적합한 정신적인 풍요로움, 즉 사상적인 뒷받침이 있어야겠다. 곧 21세기가 되고 우주여행이 실현되는 이 시기에 인간의 정신적 황폐화는 이전에 없었던 심각한 사회 문제를 초래하고 있다. 인간 본질 그리고 자신을 정립할 수 있는 가장 인간적인 배려가 있어야겠다.

다음으로는 현대의 모든 폐해를 범정부 차원, 글로벌한 세계 차원에서 끌어안고 해결하려는 적극적인 자세이다. 개인별 빈부의 차이 못지않게 국가별 빈부의 차도 심각한 지경에 이르렀다. 이제는 물질의 풍요로움으로부터 정신의 풍요로움을 구가할 수 있는 사회를 만들어야 할 것이다. 인간이 인간을 보고 인간답게 대접해 줄 때, 그게 바로 가장 인간적인 모습이 아닐까?

62.
갈갈이 살인사건
(ばらばら殺人事件, 바라바라사쯔진지껭)

요즘 일본은 고베의 살인사건으로 떠들썩하다. 초등학교 6학년 남자아이의 머리와 몸통을 두 부분으로 토막 내어 머리 부분은 근처 중학교 교문 앞에, 몸통 부분은 마을 뒷산 케이블 TV 안테나 부근에 버린 엽기적인 살인사건이다. 이를 두고 일본인들은 '바라바라사쯔진지껭(ばらばら殺人事件)' 사건이라고 한다. 1970년대에 우리나라에서 있었던 전남 강진의 '갈갈이 살인사건'과 흡사한 것이다.

더구나 치안 유지라면 세계 제일이라고 자랑하는 일본에서 이런 종류의 사건이 이따금 일어나니 일본인들도 공포를 느끼지 않을 수 없다.

특히, 고베의 주민들은 어린아이를 직접 학교까지 데려다주고 데려오는가 하면, 주민 자치단체에서는 지속해서 지역을 순찰하는 등 제2의 범행에 대비하고 있다고 한다. 경찰은 범인 체포에 있어서 아무런 단서도 찾지 못한 채 공중에 떠 있는 상태라고 하니 주민들의 불안은 알만하다.

왜 일본에서 이런 끔찍한 사건이 일어나고 있을까?

일본의 사회·심리학자들은 여러 각도로 분석하고 있으나, 뚜렷한 결론을 내리지 못한 채 정신이상자의 범행으로 보는 경향이 강한 것 같다.

이 세상의 그 많은 동·식물 중에서 같은 종족을 살해하는 것은 안타깝게도 인간이라는 동물뿐이라고 한다. 그 무서운 산중의 호랑이나 사자도 자기들끼리 죽이는 법은 많지 않다고 한다. 만물의 영장이라는 인간은 같은 인간을 죽일 뿐만 아니라 죽이는 방법도 가지가지이다.

'바라바라사쯔진지껭(ばらばら殺人事件)'처럼 차마 눈 뜨고는 볼 수 없는 끔찍한 것도 비일비재하다.

왜 요즘 일본에서는 이런 살인사건이 끊이지 않을까? 세계에서 가장 완벽한 치안을 자랑하는 일본에서 말이다. 여기에는 이런저런 이유가 있겠지만, 현대 일본인들이 살아가는 철학의 부재 때문이 아닌가 하는 생각을 해 본다. 일본인들과 얘기해 보면 확실히 이들은 뚜렷한 철학이 없음을 본다. 하루하루 즐겁게 지내면 그것으로 모든 것이 오케이다. 우리도 물론 그렇지만, 일본인 중에서 특히 삶의 목적의식을 갖고 있지 않은 사람이 많은 것 같다.

왜 대다수의 일본인은 삶의 철학을 갖고 있지 않을까?

지금의 경제적 풍요와도 관계가 있겠지만, 오래도록 무사 중심의 사회에서 형성된 자포자기와 자기 교만이라는 이율배반적인 사고가 낳은 지극히 현실주의적인 산물이 아닐까 생각해 본다. 또한, 고도산업사회에 일찍이 도달한 일본사회의 소외 현상의 한 단면이기도 할 것이다. 현실주의적인 사고는 자기와 관계없는 경우에는 전혀 신경을 쓰지 않는다는 특징을 갖고 있다. 적어도 자기의 현실적 만족에 조금이라도 관계될 때만 관여하는 것이다. 이는 개인주의라는 또 다른 모습으로 나타나기도 한다. 이러한 현실주의와 개인주의가 지나칠 때 사회는 병들기 마련이다.

그런 병폐 중의 하나가 이번의 '바라바라사쯔진지껭(ばらばら殺人事件)'이 아닌가 여겨진다. 이는 일본사회에만 국한된 문제가 아닐 것이다. 인간이 문명에 눈을 뜨면서 나타나는 필연적인 산물일 것이다.

우리나라에서도 이와 비슷한 사건이 종종 일어나고 있다. 가정 그리고 학교에서도 인성 교육을 강화해야 할 것이다. 사람 됨됨이를 가르치는 교육이 돼야 할 것이다. 각자의 위치에서 살아가는 철학을 배울 수 있도록 해야겠다. 일종의 '분수 교육'이라고 해도 좋다.

앞으로도 남의 존엄성을 무시하고 자신의 쾌락만 좇는 병폐는 더욱더 많아질 테니 말이다.

63.
일본인의 발명 욕구

일본에서 생활하기 전에는 일본인들은 모방의 천재라고 익히 들어왔다.

일본의 글자 '가나'가 한자에서 변한 것만 봐도 쉬이 알 수 있다.

그러나 실제로 일본에서 생활하면서 모방은 곧 창조요, 발명이라는 것을 알 수 있었다.

예를 들면, 지금 우리가 편리하게 사용하는 전자계산기는 메이지(明治) 3년경에 중국의 주판을 보고 만든 계산기가 그 원조라고 한다. 수판셈의 원리를 이용해 계산기를 만들어서 지금은 전자계산기로 발전한 것이다.

누가 이 사실만을 보고 모방이라고 하겠는가!

또한, 전화기의 부재중 응답·녹음 기능이나 최근에 보급되기 시작한 자동차의 안전벨트 등이 모두 일본인들의 손에 의해서 만들어진 것이라고 하니 새삼 놀라운 마음을 금할 수 없다.

일본인이 우리보다 두뇌가 명석해서일까? 그건 분명 아닐 것이다.

우리 선조들이 과거에 발명한 과학 기기를 보자. 첨성대·물시계·해시계 등 천문 과학을 비롯한 많은 발명의 역사는 어떻게 설명해야 할까?

지금도 국내의 무명의 발명가들에 의해서 많은 발명이 이루어지고 있다.

문제는 아직도 남아 있는 사농공상이라는 차별화가 아닌가 하는 생각이 든다.

일본은 오래전부터 가업이라는 것을 중요시해 왔고 장인정신을 발전시켜 왔다. 아무리 공부를 많이 했더라도 가업이 떡집이라면 부모의 뜻에 따라 자신의 꿈을 저버리고 그 떡집을 이어받는다고 한다. 즐겁게 일하고 몇 대, 몇백 년을 이어온 것을 자랑스럽게 생각한다고 하니 우리와는 전혀 딴판이다.

그러다 보니 자연히 그 분야에 대해서는 누구도 따를 수 없는 비법이 있기 마련이고 새로운 기술이 개발될 수밖에 없지 않을까?

우리가 본받을 만한 점이라고 본다.

최근 TV를 보면 일주일에 한 번씩 〈발명쇼군(發明將軍)〉이라는 프로그램을 방영하고 있다. 전국 각지에서 남녀노소가 출연하여 자기가 발명한 것을 가지고 TV에서 공개하는 프로그램이다. 별의별 희한한 것이 다 나온다. 이런 것이 실용화되면 높은 가치를 인정받고 특허를 얻게 될 것이다.

일본을 단편적인 시각에서 모방의 천재라고 말하기 전에 모방은 곧 창조이며, 새로운 발명이라는 것을 알고 우리도 우리 나름대로 발명에 관한 노력을 서둘러야겠다. 앞으로 21세기에는 벤처

기업이 성행할 것이라고 한다.

중소기업을 중심으로 하는 기술 개발에 정부는 좀 더 심혈을 기울여야 한다고 본다. 문어발식 확장일로에 있는 부실 대기업, 국민의 저축으로 일군 회삿돈을 마치 자신의 돈인 양 마음대로 사용하여 부정한 방법으로 재테크에 열중인 대기업들, 그 결과로 한보 사태와 같은 엄청난 결과를 초래하고 만 것이 아닌가?

정부는 말로만 중소기업 지원 운운하지 말고 무한한 창조력을 발휘할 수 있는 신기술 개발 중심의 중소기업을 많이 육성해야만 명실공히 우리도 선진국의 대열에 안착할 수 있지 않을까 생각해 본다.

모방은 곧 발명임을 잊지 말고!

64.
일본인의 교육열

이번 주는 일본의 초·중등·대학교에서 신입생 입학식이 있고 새로운 학기가 시작되는 주간이다. 일본은 우리와 달리 4월과 9월에 신학기가 시작된다.

어제(1997년 4월 9일) 한신대지진으로 큰 피해를 봤던 고베 거주 한국인 여성인 83세의 김영순 할머니가 현립(縣立) 고등학교에 손자뻘 되는 학생들과 나란히 입학하였다는 기사가 TV 등의 언론에서 계속 흘러나온다. 김영순 할머니는 60년 전에 도일(渡日)하였으나 고등 교육을 받을 기회를 놓쳐서 이번에 만학의 꿈을 이루기 위해서 입학했다고 한다.

더구나 그 팔순의 할머니는 한국 동포란다. 내심 자랑스럽기도 하고 한편으로는 일제에 대해 좋지 않은 감정 때문일까, 아니면 한국인의 초라한 모습을 보는 듯해서일까 다소 언짢은 생각도 든다.

일본의 초·중등학교 체계는 우리와 별 차이가 없으나, 대학교는 일반 4년제 대학, 2년제 단기 대학과 전문학교로 나누어진다.

대학은 물론 중등학교 진학도 모두 입시를 치르기 때문에 학부모들의 교육열이 대단하다. 마을 곳곳에는 '쥬크(塾, 기숙사)'라는 과외 학원이 많다.

소위 일류 학교에 진학하기 위한 우리의 지난날 학관과 같은 형태이다.

중·고등학교에서 공부를 잘한 학생은 소위 도쿄대학(東京大學)이나 교토대학(京都大學) 등 일류 대학 진학을 위해서 더 열심히 공부하고, 그렇지 못하면 일찍부터 단기 대학이나 전문학교 등에 진학하여 직업 교육을 받는 문화가 자연스레 형성되어 있다. 나보다 더 잘난 사람은 그에 걸맞은 학교에 가고 또 좋은 직장을 갖는 것이 일본이나 우리나라나 별로 다른 점이 없는 것 같다. 일류 대학 진학을 위해서 몇 년씩이나 재수하는 것도 그렇다.

세계 200여 개국 중에서 우리나라만큼 교육열이 높은 나라는 그리 많지 않을 것이다. 부존자원이 별로 없는 우리로서는 우수한 인적 자원의 확보만이 오늘날의 무한 경쟁에서 살아남을 수 있는 유일한 방법일지도 모른다.

예전에 우리나라에서 벼슬을 하지 않은 평범한 사람이 죽으면 위패에 '학생(學生)'이라고 쓰던 관습은 오늘날까지 이어져 오고 있다.

죽을 때까지 배우다가 간다는 의미의 '학생'이라는 것은 길지 않은 삶을 향유하는 우리 인생에 있어서 겸허하고 의미 깊게 받아들여져야 하지 않나 생각해 본다.

그러나 좀 더 깊이 생각해 보면 우리의 교육은 예나 지금이나 적지 않은 많은 문제점을 안고 있는 것이 사실이다.

배운다는 학생은 과거에 급제하여 벼슬을 하지 않으면 그 존재 가치를 인정받지 못했다. 과거라는 것도 문과·무과·잡과 등으로 나뉘어 있었지만, 문과 이외에는 별로였다고 한다. 무과나 잡과를 문과에 비해 한 단계 아래로 깔보는 이른바 사농공상이라는 신분 차별이 여기에서 나오게 된다. 그러다 보니 자연히 백면서생을 길러내는 것이 조선시대의 교육이었고, 실생활에 필요한 과학기술의 발달은 뒤떨어질 수밖에 없었다. 물론 조선 후기에는 일부 학자를 중심으로 실학의 붐이 일어나긴 했지만, 정책적 뒷받침이 없었던 당시의 현실로 인해서 민간 학자 차원의 연구에 머무르고 만다.

요즘으로 치면 군대 장교를 선발하기 위한 무과가 있었지만, 그다지 대접을 받지 못하다 보니 당연히 무(武)를 얕보는 경향이 생겼고 결국 이는 국방의 허약으로 드러나 임진왜란·병자호란 그리고 한일 합방이라는 국치를 당하게 된다.

의학·천문 등의 잡과도 있었지만, 이는 당시 중인층의 전유물이었고 신분의 벽에 부딪혀서 활발한 발달을 보지 못한 것이 사실이다. 허준이나 정약용과 같은 선각자들의 노력을 보면 참으로 눈물겹도록 애달프다.

『사서삼경』을 줄줄 외고 시나 문장쯤 할 줄 아는 사람만 대접받던 시대였으니 우리의 실생활과는 너무나 동떨어진 교육이었다.

이러한 오랜 사고는 아직도 현대의 우리에게도 남아 있음을 본다.

열심히 공부하여 훌륭한 과학자나 발명가가 되는 것보다는 사법시험, 고등고시 등에 합격하여 고급 공무원이 되는 것을 출세했다고 여기는 경향이 아직도 그대로 남아 있으니 말이다. 그래도 지금은 많이 변했지만, 일반 회사에서도 사무직이 기술직보다 대우받는 게 우리의 현실이다.

교육의 목적은 여러 면으로 생각할 수 있겠지만, 사람을 만드는 게 아닐까 생각한다. 어떤 사람을 만드느냐 하는 것은 시대에 따라 달라지겠지만, 최소한 그 사회에 필요한 사람이 아닐까?

그렇다면 지금 우리사회가 요구하는 한국인은 과연 어떤 사람일까?

지덕체를 갖춘 사람! 물론 그렇다. 하지만 지금은 세계화, 국제화의 시대이다. 적어도 세계의 여러 나라 사람들과 어깨를 나란히 할 수 있는 그런 사람이 필요할 것이다. 어깨를 나란히 한다는 것은 모든 분야 전체를 말한다. 교육의 목표도 여기에 맞춰야 할 것이다. 막연히 '홍익인간'이 우리의 교육 이념이 되어서는 안 된다고 본다. 좀 더 구체화된 교육 이념을 정립하여 교육 정책을 펴야 할 것이다. 기술 입국만으로도 안 되는 게 요즘의 현실이다. 뚜렷한, 눈에 보이는 교육 목표가 없어서 우리의 입시 정책은 부화뇌동하고 학생들도 일단 아무 데나 좋은 대학에 진학하고 보자는 식이다. 학교 교육을 믿지 못하고 연간 수조 원에 달하는 과외비가 들어가는 우리의 교육 현실을 어떻게 설명해야 할까?

교육 당국은 21세기가 요구하는 진정한 '한국인상'을 정립하여 정책을 펼쳐야겠다.

책임 없고 근시안적인 사고로는 선진 대열은커녕 후진국을 전 전하다가 과거의 불미스러운 국치가 또다시 반복되지 않는다고 장담할 수 없다.

형태는 다를지라도 그 조짐이 지금도 보이지 않는가. 다국적 기업이 약소국을 파고드는 것을 보면 말이다.

막연히 교육열만 가지고서는 현대에서 살아남을 수 없다. 좋 은 인재를 길러내어 적재적소에서 십분 능력을 발휘하게 하고 대 접받을 수 있는 사회 분위기를 만들어야겠다.

또 하나는, 아무리 시대가 변해도 우리는 한국인이라는 것을 가르치는 교육도 더 절실히 요구된다는 점이다. 한국인다운 교 육이 아니고서는 절대 세계 속의 한국인이 될 수 없다. 한국인을 키우는 교육이 미흡할 때는 금세 세계에 동화되어 버린 초라한 우리의 모습밖에 남지 않을 것이다.

65.
일본인의 동물 사랑

　일본은 고양이·개·까마귀·사슴·여우·비둘기 등 모든 동물의 천국이라 할 만큼 거리에서 여러 동물이 눈에 잘 띈다.

　우리네 시골에서는 새벽을 알리는 수탉 울음소리에 잠을 깨는데 반해서 여기서는 대부분 까마귀의 울음소리가 아침을 연다. 아침 일찍 청소부가 오기 전의 비닐봉지 속의 쓰레기는 대다수가 까마귀의 밥이 되고, 더러는 길고양이나 비둘기들이 날아와 얻어먹곤 한다. 사람의 손이 미치지 않아서인지 매일 아침 조깅 때 공원에서 만나는 비둘기, 고양이 그리고 심지어 까마귀까지도 나를 보고 도망칠 줄을 모른다. 이들 거리의 동물들에게 누구 하나 돌팔매질하는 사람이 없다. 까마귀 떼가 쓰레기 봉지를 다 뜯어내어 길거리를 엉망으로 만들어 놓아도 청소부가 정리해 갈 뿐 "까마귀를 때려잡자!"라는 등의 말은 아예 나오지 않는다.

　서울에서 언젠가 까치집 철거 문제로 논란이 됐던 일이 생각난다.

　까치가 전철의 정전 사고를 일으켜 출퇴근길의 시민들에게 불편을 주기 때문이라는 게 그 이유였다. 이는 일본인들의 사고와는 근본적으로 다름을 알 수 있다. 일본인들과 비교해 볼 때 우리의 사고는 좀 단편적이 아닌가 하는 생각이 든다. 모든 것은 마음의 여유에서 나오는 것일까?

온갖 동물, 즉 고양이·개뿐만 아니라 여우·너구리·고슴도치·돼지까지 방 안에서 함께 생활하는 일본인들을 볼 때면 이처럼 동물을 사랑하고 정서적인 사람들이 어떻게 임진왜란이라는 침략 전쟁을 일으키고, 병자수호조약을 체결하여 끝내는 한일 합방을 하고 또 제2차 세계대전을 일으켰을까 하는 의구심이 생길 정도이다. 동물을 사랑하는 사람 중에는 결코 악인이 없다는 말을 생각해 볼 때면 더욱더 그렇다.

일본의 웬만한 슈퍼에서는 반드시 개나 고양이 등 동물의 먹이를 팔고 있다. 우리처럼 먹다 남은 음식 찌꺼기를 주지 않고 동물의 영양 균형을 고려해서 만든 소위 전문 식사를 챙겨주는 것을 보면 일본인들의 동물 사랑과 나라의 부를 읽을 수 있을 것 같다.

길거리 어디를 가도 집 잃은 고양이가 넘쳐나고 이름 모를 새들로 인해서 동물의 천국마냥 느껴지는 것은 부러움을 느끼게 하는 요소 중의 하나이다. 이러한 일본인들의 생활에 맞춰서인지 TV에서도 동물 프로그램을 특집으로 마련하여 자주 방영해 준다. 이런 프로그램은 마치 서양인들의 동물 사랑을 보는 듯한 착각을 일으킬 정도이다. 즉, 일본이 이제는 선진국으로서 생명을 가진 여러 동물과 함께 어울려 사는 정서적인 국민임을 자랑이라도 하는 것처럼 보인다.

아침 일찍 개를 데리고 산보하는 일본인들이 자주 눈에 띈다.

이들의 한쪽 손에는 반드시 개의 배설물을 담기 위한 비닐봉지가 들려 있는 것을 볼 수 있다. 거의 집집마다 개나 고양이를 키우고 있어서 이들 동물이 노상 방뇨 등을 하게 되면 하루아침에 길거리가 쓰레기장으로 변해버릴 테니 말이다. 정부와 민간단체의 홍보 효과인지, 아니면 일본인들의 의식의 변화 때문인지는 몰라도 길거리에서 동물들의 배설물을 보기는 힘들다. 물론 그런 가운데서도 길거리에 개똥이 보이는 경우도 종종 있지만 말이다.

동물을 지극히 사랑하는 일본인. 그러나 이것은 겉으로 보이는 형식적인 겉치레에 불과하다는 것을 이들과 생활하면서 알 수 있었다.

일본인들은 아무리 친한 친구, 심지어 부부까지도 속마음을 털어놓고 얘기하는 것이 극히 드물다고 한다. 친한 친구라고 해서 우리네처럼 아무 때라도 방문하고, 밤늦게까지 놀고, 어떤 때는 밤을 새우고 하는 것은 일본에서는 상상할 수도 없는 일이다. 항상 일정한 간격을 두고서 지내기 때문에 이들의 속마음은 도무지 알 수 없다. 그러다 보면 자연히 인간으로서 외롭고 고독해질 수밖에 없지 않겠는가. 서로 부둥켜안고 울고 웃고 부딪히면서 삶이 살찌워지는 것일 텐데 이들에게서는 이런 것을 좀체 볼 수 없다. 여기서 생기는 인간 소외, 고독감 등을 주변의 동물 사랑으로 발산하지 않나 하는 생각이 든다. 소위 대리 만족이 그것이다. 일본은 벌써 이처럼 선진산업화사회가 되었다는 말인가.

물론 동물들을 진정으로 사랑하는 사람들도 많을 것이다. 그러나 내 눈에 비친 이들의 동물 사랑은 인간사회로부터의 소외감을 발산하기 위한 것 이외에는 아무것도 아니라는 생각이 드는 것은 왜일까?

일본의 산업화·공업화사회로의 발전에서 오는 개인주의의 부산물이기도 할 것이다. 어쨌든 일본인들의 동물 사랑은 도가 넘을 정도로 지나쳐서 조금은 보기에도 민망하다.

66.
맥주

일본인들은 유럽인들보다도 맥주를 더 즐겨 마시는 것 같다. 남녀 할 것 없이 식사 때면 으레 맥주 한 병 정도는 가볍게 마신다. 아침 식사를 할 때도 맥주를 마시는 일본인을 본 적이 있다. 이처럼 맥주를 즐겨 마시는 생활습관을 가지고 있다 보니 자연히 맥주 제조 기술이 발달할 수밖에 없다.

일본 맥주의 대명사는 '아사히'와 '기린'일 것이다. 물론 그 외에도 '삿뽀로' 등 몇 개의 브랜드가 더 있지만, '아사히'와 '기린'이 맥주 시장을 거의 점령하고 있다고 보면 된다.

일본의 맥주가 우리의 것과 가장 다른 점은 '나마비루(생맥주)'라고 해서 이것이 맥주 시장의 90% 이상을 차지하고 있다는 것이다. 병맥주도, 깡통 맥주도 자세히 상표를 읽어 보면 대부분이 생맥주이다. 우리의 선술집에 해당하는 '이자카야(居酒屋)' 등의 음식점에서 파는 맥주는 100% 생맥주라 해도 틀림없다. 똑같은 상표의 맥주일지라도 원료에 의해서 맥주의 색깔이 다르다. 우리나라에서는 보기 드문 흑맥주가 있는가 하면 붉은색 계통의 맥주도 있다. 맥주의 종류도 참 다양하다.

일본인들은 이처럼 맥주를 즐겨 마시지만, 우리처럼 곤드레만

드레 취해서 길거리를 방황하거나 눈꼴사나운 모습을 보이는 것은 보기 힘들다. 물론 그런 경우도 가끔 눈에 띄기도 하지만, 우리보다는 확실히 음주 문화가 조용한 것을 알 수 있다. 일본인들은 한국 사람이 술에 강하다는 인식을 갖고 있다. 아마 이는 우리의 음주 실상을 보고 나서 말한 것이리라. 한번 마셨다 하면 2차, 3차 돌아가며 정신없이 마셔대는 우리의 추한 모습을 본 것일지도 모른다. 이제 우리도 건전한 음주 문화를 정착시켜야 할 것이다.

우리는 웬만한 동네 술집에만 가더라도 예쁜 호스티스가 옆에서 시중들며 함께 마시는 경우가 많지만, 일본에서는 도쿄나 오사카의 '클럽'이나 '라운지' 등 고급 술집 이외에는 호스티스를 보기가 어렵다. 대체로 '마마'라 하여 주인아주머니가 예의상 첫 잔 정도를 손님에게 따라주는 게 고작이다.

그러다 보니 '이자카야'에 가면 동네 사랑방 같은 분위기를 느낄 수 있다. 옆 사람과 금방 얘기가 통하고 집에 있는 것 같은 느낌이 든다. 이러한 '이자카야'에 오는 손님은 대부분이 혼자인 경우가 많기 때문이다.

물론 이자카야는 맥주나 '니혼슈(日本酒, 정종)'를 한잔하면서 저녁도 가볍게 해결하는 곳이다.

돈깨나 들어가는, 소위 접대성 음주는 클럽이나 요정 같은 고급 음식점에서나 가능하다. 그 액수는 천차만별이라 일률적으로 얼마라고 말할 수는 없지만, 대체로 1인당 10만 엔(약 80만 원) 정도 든다고 한다. '이자카야'에서 마시는 경우에 2~3천 엔이면 충분한 것과는 너무 차이가 크다.

일본인들이 맥주를 즐겨 마시는 많은 이유 가운데 하나는 건강과도 관계가 있다고 한다. 최근에는 모 대학교수가 맥주와 야키니쿠의 상관관계에 관한 연구 논문을 발표한 적이 있다.

고기를 구울 때 검게 탄 부분이 발암성 물질이지만, 맥주와 함께 먹으면 항암효과가 있다는 것이다. 이것도 맥주만 그런 효과가 있고 우리가 즐겨 마시는 소주나 막걸리와는 관계가 없다고 한다.

어쨌든 일본인들은 마치 서양인이 포도주를 즐겨 마시는 것처럼 식사 때면 으레 맥주를 즐겨 마신다. 맥주도 저장맥주가 아닌 생맥주가 대부분을 차지한다.

67.
술과 라면

    일본의 주당들은 술을 먹고 나면 대부분 라면을 즐겨 먹는다. 그래서 술집 근처나 역 근처에 있는 포장마차에서는 밤늦은 시간까지 라면을 찾는 술꾼들로 붐비는 모습을 쉽게 볼 수 있다.

    어떤 일본인들은 라면 속에는 술기운을 제거하는 성분이 함유되어 있다고 믿는 것 같다. 그러나 사실은 그렇지 않다. 우리의 해장국과 같은 효과를 볼 수 있을 뿐이다.

    술꾼들이 라면을 즐겨 먹는 것은 일종의 갈증 해소와 관계가 있다고 한다. 술을 마시면 몸속에 젖산이 생성되고 평소보다 많은 에너지를 필요로 하게 된다는 것이다. 그러다 보니 갈증을 해소하고 영양 보충도 하기 위해서 언제 어디서나 손쉽게 먹을 수 있는 것이 라면이다.

    라면에는 수분과 미네랄이 다량으로 함유되어 있어서 숙취 해소에 상당한 효과가 있는 것으로 알려져 있다. '왜 하필이면 라면인가?'라고 의문을 가질 수도 있겠으나 알고 보면 그 이유도 간단하다.

    술을 마시고 귀가하는 시간은 밤늦은 시간이기 때문에 대부분의 가게는 문을 닫고 오로지 영업하는 곳은 편의점이나 포장마차뿐이다. 여기서 파는 것이 바로 라면이다. 라면 이외에 우동이나 소바(메밀)도 마찬가지이지만, 밤늦게 영업하는 포장마차의 라면이 일본의 주당들을 유혹하는 것이다.

일본의 라면은 우리보다 훨씬 그 종류가 다양하다. 입맛이 우리와 다르므로 그 맛도 다르지만, 가장 큰 차이점은 국물에 있다. 국물이라 하면 육수로 곰국 같은 것을 생각하겠지만, 희한하게도 일본은 돈육을 사용하고 라면 속에는 반드시 돼지고기 한두 점이 들어간다.

유명한 라면집이라면 면도 면이지만 국물 맛이 그 명성을 좌우한다고 한다.

일본인들이 음주 후 라면을 즐겨 먹는 가장 큰 이유는, 일본은 우리나라와 같은 해장국 문화가 전혀 없기 때문이다.

68.
자동차 문화

일본도 우리만큼이나 이런저런 교통사고가 자주 일어나고 있으나 우리보다는 비교적 적은 편인 것 같다.

교통 문화를 볼 때 우리와 가장 다른 점은 통행 방식이다. 일본은 근대화의 과정에서 영국의 영향을 많이 받았기 때문에 자동차 통행이 좌측이다. 우리는 우측통행을 하므로 처음 일본 땅을 밟은 한국인은 당황하기 마련이다. 좌측통행을 하는 자동차이기 때문에 핸들도 우리와는 반대로 오른쪽에 붙어 있다. 가끔 핸들이 우리와 같이 왼쪽에 붙어 있는 자동차도 눈에 띄는데, 이것은 모두 독일의 BMW, BENZ나 미국 자동차 등 수입 자동차이다.

통행 방식이 다르기 때문에 길을 걷는 방식도 우리와는 반대로 행하지 않으면 안 된다. 가령 우리는 횡단보도를 건널 때 달려오는 자동차 유무를 확인하기 위해 먼저 왼쪽으로 고개를 돌리지만, 일본에서는 반대로 오른쪽으로 돌려야 한다. 나도 처음 몇 달 동안은 서울에서의 행동이 몸에 배어 있어서 자꾸만 왼쪽으로 먼저 고개를 돌리는 습관 탓에 애를 먹은 적이 있다.

서울에 있을 때 일본의 자동차가 질적으로 좋으며 미국 자동차 시장을 휩쓸고 있다고 늘 들어왔기에 일본에서 유심히 관찰해 보았다. 그러나 고속도로 등에서 일어난 대형 사고 현장을 보면 휴짓조각이 되어버린 사고 차는 우리와 조금도 다름이 없음을 알 수 있었다. 질적으로는 우리보다 다소 위라고는 하나 어느 점이 좋은지는 아직 알지 못했다. 일본의 부자들도 우리와 같이 BMW나 BENZ 등 외제차를 선호하는 것은 비슷했다.

사회적으로 돈깨나 있는 사람이나 유명인사 등은 대부분 일제가 아닌 외제차를 타고 있음을 쉬이 알 수 있었다. 서양 것을 선호하는 것은 어쩌면 그렇게 우리와 똑같은지?

또 하나, 일본의 교통신호 체계는 우리와는 조금 다르다. 우리의 경우에는 우회전은 어느 때나 가능하고 좌회전은 좌회전 신호 혹은 비보호 신호에 따라서 하게 되어 있지만, 일본의 경우는 파란불 하나로 좌·우회전을 하는 것이 보통이다. 큰길에는 좌·우회전 신호가 있어서 그 신호에 따르면 되지만, 골목길이나 작은 길에서는 파란불 신호에 따라서 직진·좌·우회전을 다 해야만 한다. 그러나 이때는 보행자들이 횡단보도를 건너고 있기 때문에 자칫 주의를 소홀히 하면 사고를 일으키기 쉽다. 자동차들이 보행자를 피해서 마구 달리기 때문이다.

그러나 대체로 일본의 자동차 운전자들은 횡단보도에서 우리보다 참을성 있게 기다려 준다.

문제는 '우라도오리(裏通)', 소위 뒷골목이다.

큰길에서는 교통 규칙을 잘 지키고 예의 바른 것처럼 보이지만, 인적이 드문 골목길에서는 총알만큼이나 빨리 달리는 차가 많다. 그래도 삼사거리에서는 자기 보호 본능에 의해서 일단 정지하지만, 그렇지 않은 곳에서는 도둑에게 쫓기듯이 급하게 달려간다.

우리의 뒷골목은 과속 방지를 위해서 요철을 만들어 놓은 곳이 많으나 일본에서는 과속 방지턱을 찾아보기 힘들다. 그러다 보니 크고 작은 교통사고가 끊이지 않는다.

그래서 요즘 일본에서는 자동차 중심의 교통을 보행자 중심으로 바꾸자는 운동이 일기 시작했다. 즉, 자동차들의 과속을 방지하기 위해서 모든 횡단보도를 차도보다 조금 높게 만들어 인도와 같은 높이로 한다는 것이다. 아직 이런 것이 설치되지는 않았지만 요즘 추진 중인 계획인 것을 보면, 교통사고 세계 1위인 우리도 한 번쯤 고려해 볼 만하다는 생각이 든다.

일본을 한 번쯤 여행해 본 사람들은 일본 사람이 우리보다 교통질서를 잘 지킨다고 하나 사실은 별 차이가 없어 보인다. 신호를 무시하고 달리는 자동차 그리고 교통 신호를 어기는 보행자들의 모습 등 다소 정도의 차이는 있지만, 그렇고 그런 것 같다.

자동차는 확실히 문명의 이기이며 인류의 획기적인 발전 중 하나이지만, 그에 수반된 부작용도 계속 이어지고 있으니 대책도 서둘러야겠다.

69.
교복

10여 년 전만 해도 우리나라의 모든 중·고등학생들이 학교의 지정 교복을 입던 적이 있다. 나는 중·고등학교 시절 내내 머리카락을 짧게 하고 검은색 교복을 입고 6년간 지낸 경험이 있다. 그러나 그 교복이라는 것이 일제의 잔재로 획일적이라 하여 1980년대 초부터 차츰 사라지는 것 같더니 요즘에는 또다시 학교에 따라서 부활하고 있고 상당수 학교에서는 교복 착용을 강요하고 있다고 한다.

일본에서 생활하면서 중·고등학교 학생을 보노라면 마치 지난날 나의 학창 시절 모습을 보는 듯한 착각을 한다. 남학생, 여학생 할 것 없이 지난날 우리의 교복과 너무나 똑같은 교복을 입고 있기 때문이다. 단지 두발은 자유로워 자신의 기호에 맞춰 짧게 하기도 하고 길게 기를 수도 있다. 남학생 중에는 요즘 유행하는 속칭 꽁지머리를 하고 다니는 고등학생들도 가끔 눈에 띈다.

획일적이라고는 하지만, 교복을 단정히 입고 등교하는 학생들을 보면 역시 학생다운 향기가 나고 발랄해 보여서 좋다고 느껴지는 것은 나 역시 과거에 그런 경험을 한 구세대이기 때문일까?

요즘 도쿄 등 대도시를 중심으로 일본의 여고생들 사이에서는 다른 학교 교복 입기가 대유행이라고 한다. 자신의 교복은 등교할 때 착용하고 다른 학교 교복은 외출복으로 사용한다고 한다. 1명의 여고생이 보통 3~4벌의 남의 학교 교복을 소지하고 있다고 한다. 졸업한 선배로부터 물려받기도 하고 새것을 선물로 받기도 하지만, 대부분 1벌에 약 5천 엔 정도를 주고 사는 경우가 많다고 한다.

왜 남의 학교 교복을 외출복으로 사용하는 것이 유행할까?

여기에는 그럴 만한 이유가 있다.

먼저, 경제성을 뽑을 수 있다. 물가가 엄청나게 비싼 일본에서 외출복 한 벌을 사려면 2~3만 엔의 지출이 보통이다. 여기에 비하면 교복값은 얼마나 싼가?

다음으로, 교복은 색깔이나 옷감의 질에 있어서 젊은 층에 맞게 엄선된 것이어서 멋을 부리는 데는 그만이라고 한다. 일본 전 지역의 그 많은 여학교 교복의 종류만 보더라도 알 만하지 않을까?

과연 경제적인 동물이라는 말을 듣는 일본인이자 자본주의의 첨단을 걷는 젊은이다운 발상이라고 느껴진다. 이런 유행이 언젠간 우리의 서울에도 전해지겠지. 이런 유행이 우리에게 전파될 때면 또 다른 사회 문제를 야기하게 될 것이다. 자칫 악용하면 남의 학교 교복을 입고 비행을 저질러서 피해를 줄 수도 있기 때문이다. 도쿄의 유행이 서울에 오는 것은 금방이라고 하ㅣ 네가 귀국할 즈음엔 이미 서울에도 확 퍼져 있을지도 모른다.

자유로운 사고를 기르고 획일성을 벗어난다는 의미에서 교복

자율화를 단행한 우리나라이지만, 학생은 학생다운 옷차림이어야 한다는 것은 나만의 지나친 욕심일까?

우리 지현이도 교복을 착용하는 학교에 보내고 싶었는데 불행히도 중·고등학교 모두 자유 복장이어서 아내가 몹시도 신경을 써 왔다.

교복을 착용하면 할 수 없는 일도 사복이었기 때문에 가능하다고 하는 생각은 비단 나만 하는 생각일까? 사복이기에 비행이 급증하고 옷차림에 따른 빈부의 격차 등 많은 부작용을 낳는 것은 사실이다.

교복 문화가 일제의 잔재라고 운운하기에 앞서서 경제성과 학생다움을 찾기 위해서 교복 문화의 부활은 어떨까?

70.
일본 기업

조직이나 하나의 사회를 종적사회와 횡적사회로 구분한다면 일본은 전형적인 종적사회이다. 그러다 보니 언어의 발달도 상대방을 높이는 경어와 자신을 낮추어 말하는 겸양어 등이 우리보다 훨씬 발달해 있어서 상황에 따라서 적절히 사용하지 않으면 상대방이 당황하게 되고 실수하게 된다.

일본사회의 구석구석을 보면, 유교와 불교 그리고 서양적인 것에 자신들 고유의 사상, 즉 '신또(神道)'가 뒤섞여있는 것을 볼 수 있다.

한반도로부터 전해져 온 유교와 불교적 냄새가 혼재해 있지만, 장유유서 등 아직도 유교적 색채가 진하게 남아 있음을 본다.

매년 3~4월이 되면 일본의 기업체는 신입사원을 받아들인다. 신입사원의 채용 조건은 학교 성적보다는 원만한 인간관계를 맺을 수 있는 사람이 우선적으로 고려된다고 한다.

또한, 일단 어느 기업체에 입사하면 좀처럼 다른 기업체로의 이동, 즉 전직이 어려운 것도 일본사회이다. 만일 전직할 경우에는 지금까지 쌓아온 모든 이점(利點)을 다 포기해야만 하며 입사한 사원들은 동기생끼리의 단결이 대단하다. 노년이 되어 퇴사

후에도 죽을 때까지 동기생과의 관계가 계속 유지된다고 한다. 승진에서도 같은 동기생이라면 대다수 그대로 함께 승진시키는 게 관례화되어 있다. 만일 승진할 자리가 없을 때는 새로이 자리를 만들어서 승진시킨다고 한다.

한마디로 말해서 햇병아리 신입사원에서 중역까지 입사 연수에 따라서 승진하는, 소위 연공서열이 철저히 지켜지는 곳이 일본 기업이다.

그러다 보니 회사원들은 가정보다는 회사 일을 우선으로 하여 '일벌레'라는 별칭을 얻을 정도로 열심히 일한다고 한다.

이에 대한 반대급부로 회사 측에서는 해당 사원뿐만 아니라 그 가정까지 책임지는, 말하자면 가족적인 분위기로 회사 경영을 해야 한다.

모난 것을 가장 싫어하는 일본사회에서 상사는 부하로부터 존경받고 자상하며 뭐든지 상담할 수 있는 사람이어야 한다. 개인의 능력이나 실적은 부차적인 문제이다.

그러나 일본도 이제는 세계의 흐름 속에서 홀로 설 수는 없게 되었다.

기존 사회의 틀이 점차 깨져 가고 있는 것이다. 그 대표적인 것이 지금까지의 연공서열제에 반기를 들고 실적주의·능력주의를 실현하려는 젊은이들의 움직임이다. 예전 같은 종신 고용제의 틀이 조금씩 변하고 있는 것은 사실이다.

하지만 이러한 움직임에도 불구하고 일본사회는 여전히 연공

일 / 본 / 이

보 / 인 / 다

서열과 종신 고용제를 향한 조직임에는 변함이 없어 보인다. 일본인들은 같은 회사원이라고 하면 일단은 모두, 즉 고졸이든, 대졸이든, 신입사원이든, 부장이든 일정한 자격을 갖춘 사람의 능력은 똑같다고 보는 시각에서 회사 경영을 하고 있다고 한다. 이러한 맥락에서 본 일본 기업의 가장 큰 특징은 말단 신입사원부터 최고 경영진에 이르기까지 모두 똑같은 제복을 입고 똑같은 식당에서 식사하는 것이다. 간부니, 비간부니 하는 차별이 전혀 없다. 단지 연공서열에 따라서 직책이 다르고 월급에 차이가 있을 뿐이다. 그러다 보니 죽기 살기로 회사를 위해서 일하지 않을 수 없는 분위기가 일본 기업의 분위기이다.

'일본 기업이, 일본 경제가 왜 세계를 제패할 수 있었을까?' 하는 물음을 갖고 우리도 탄탄한 기업을 높이 세우기 위해서 힘써야만 할 때다. 어려운 경제 여건을 타개하기 위해 고도성장 위주로 질주해 왔던 우리도 이제는 잠시 숨을 고르고서 한 번쯤 주위를 돌아봐야겠다.

71.
일본의 농촌 총각

　일본도 20여 년 전에는 도농 격차가 심해서 농촌 청년들의 대도시 집중 현상을 초래하여 심각한 사회 문제가 되었다고 한다. 특히 여성의 경우가 그렇다. 일본정부가 이를 타개하기 위해서 농어촌 육성 정책 등을 통해 고장의 특산물 개발, 문화 공간 조성 등 정부의 시책을 펼쳐서 지금은 도농의 격차가 거의 없어지다시피 되었다고는 하나 젊은 아가씨들의 대도시 집중이 여전함은 어쩔 수 없는 현실이라고 한다. 우리의 농촌 총각들이 혼기를 넘겨서 결혼을 못 하는 것과 같이 이곳의 농어촌 청년들도 나이 40이 넘도록 신붓감을 구하지 못해서 독신생활을 하는 경우가 허다하다.

　그래서 여러 시민 단체가 앞장서서 농촌 총각 짝짓기 사업을 벌이고 있는데, 그중 하나가 일본의 MBS-TV(마이니치 티비) 특별 프로그램으로 진행되는 도시 처녀들과 농어촌 청년들 간의 짝짓기 사업이다. 방송에 출연한 시골 청년들은 연 수입이 500만 엔이니, 700만 엔이니 하며 자신을 소개하고, 도시 처녀들은 마음에 든 사람이 있으면 서로 대화를 통해서 짝을 짓는다.

　어쩌면 우리의 현실과 그리도 닮은꼴일까? 인간은 누구를 막론하고 편하고 좋은 것을 쫓기 마련이다. 지난번에 TV에 출연한 어느 도시 처녀는 "남자는 얼굴이 아니라 돈이다."라고 서슴없이 말한 걸 보았다. 돈이 있으면 편하기 때문이란다. 사랑은 서로 살아가면서 만들면 되는 것이고 우선은 돈만 있으면 된다는 요즘 젊은이들의 황금만능주의는 결코 이곳의 젊은이들에게만 해당하는 것이 아닐 것이다. 자연과 더불어 자연 속에 푹 파묻혀 살아가는 삶은 얼마나 아름답고 자연스러운 삶일까!

인간이 인위적으로 만든 도시의 가면은 정녕 인간의 본모습이 아닐 테니 말이다.

우리의 농촌 총각들은 언제쯤 되어야 마음 놓고 마음에 드는 아가씨들과 행복한 결혼 생활을 할 수 있을까?

72.
일본인 가정 방문

　지난주 토요일 저녁에는 아내를 대동하고 독일인 친구인 '올리버'와 함께 교토의 후카쿠사소학교 교감인 '테라다(寺田)' 선생 댁을 방문했다.

　'테라다' 선생은 '올리버'가 영어 강사로 아르바이트하는 소학교의 교감 선생으로 나와도 친하게 지내는 사이다. 밤늦도록 술을 마시며 맛있는 일본 음식을 많이 대접받았다. 아내에게는 값진 추억이 될 것이다.

　일본인들은 설사 친한 사람일지라도 좀처럼 집으로 초대하지 않는다.

　또한, 사전에 연락 없이 갑자기 방문할 경우에는 무척 당황하고 싫어한다고 한다. 그 때문에 일본에서 남의 집을 방문할 때는 미리 전화하여 시간을 약속하고 찾아가는 것이 예의이다. 이는 갑자기 방문했을 때, 집주인이 미처 집안 정리를 해놓지 않았거나 대접할 음식이 마련되지 않아서 당황하기 때문이란다.

　그리고 남의 집을 방문할 때는 비록 부모·형제라 할지라도 반드시 조그마한 선물을 준비해 가야만 한다고 한다. 이를 '오미야게(お土産)' 또는 '테미야게(手土産)'라고 한다. 들고 간 '오미야게'는 현

관에서 건네주는 것이 좋고, 집주인의 안내에 따라 현관에서 방 안으로 들어갈 때는 신발을 벗어서 나갈 때 신기 좋도록 구두 앞을 밖으로 향하게 나란히 정리한 다음에 들어가는 것이 기본 예의이다.

보통 일본의 방은 다다미로 되어 있어서 방석을 내주는 게 일 반적이다. 방석을 내주면 일본식 정좌, 즉 무릎을 꿇고 앉는 게 바른 예법이다. 이때 집주인이 편히 앉도록 권할 경우 정좌를 풀 고 우리식 양반 자세로 앉으면 된다.

집을 방문하여 대접을 받았을 때는 그 후 만날 때마다 최소한 3번 정도는 고마웠다고 인사를 해야만 예법에 어긋나지 않는다 는 것이 일본사회이다.

73.
도시락(お弁当, 오벤또)

일본에서는 돈만 있으면 먹는 것은 별걱정이 없다. 어느 나라 할 것 없이 마찬가지이겠지만, 일본은 특히 그러하다. 세계 어디를 가도 일본만큼 도시락 문화가 잘 발달해 있는 나라는 보기 드물 테니 말이다.

일본의 어느 지방을 가든지 그 지방의 특색을 살린 오벤또(お弁當)가 발달해 있고, 전국의 기차역에서는 역전 도시락(驛弁, 에키벵)이라 하여 헤아릴 수 없을 만큼 많은 도시락이 판을 친다.

또한, 어느 편의점에 가더라도 24시간 내내 언제나 자신의 입맛에 맞는 필요한 도시락을 살 수 있다. 가격도 저렴하고 여러 종류의 도시락이 있으며 겨울에는 즉석에서 데워 주기 때문에 따뜻하게 먹을 수 있어서 좋다.

골목, 대로변 할 것 없이 거리마다 도시락 전문점이 있어서 그 자리에서 구미에 맞는 도시락을 주문하여 살 수 있기에 독신자에게는 더할 나위 없다.

우리나라의 도시락 하면 고작해야 김밥인데 이곳 일본은 왜 그리도 종류가 많은지!

우리도 영양가와 편리함을 고려하여 도시락 문화를 발전시켜 보면 어떨까?

74.
일본인의 치아

처음 일본에 왔을 때 젊은 남녀들이 덧니를 드러내고 웃는 모습을 보고 다소 매력적이라고 느낀 적이 있었다. 그러나 이들과 오래 생활하다 보니 대다수의 일본인이 덧니를 가지고 있음을 알고 적잖이 의아했다.

한두 개의 가벼운 덧니는 매력을 자아낸다고도 익히 들었지만, 일본인들의 덧니는 그것과는 전혀 관계가 없이 엉망이고 너무 많다.

입안 전체가 덧니투성이로 어떤 경우에는 차마 쳐다볼 수 없을 정도이다.

매력은커녕 지저분한 생각마저 들 정도이니 말이다. 누런 이빨에 덧니투성이인 입을 보면 함께 식사할 마음조차 들지 않을 때도 있다.

일본인들에게 덧니가 많은 이유가 궁금하여 여러 사람에게 물어봤다.

어떤 사람은 과자문화가 발달해서 어려서부터 단것을 많이 먹어서라고 하지만, 가장 유력한 설은 유전적인 요소라고 한다. 즉, 옛날 일본 본토의 원주민과 한반도나 중국 대륙에서 이주해 온 북방계 사람과의 결합에 그 원인이 있다는 것이다. 서로 종이 다

른 결합에서 오는 불협화음이다. 즉, 북방계의 우성인자를 열성
인자를 가진 원주민이 받아들이지 못했다는 것이다. 특히 원주
민들은 턱이 약하기 때문에 그 부작용으로 가장 약한 치아에서
덧니를 드러낸다고 한다.

따라서 덧니가 유난히 많은 일본인들 때문에 일본은 자연스럽
게 치과가 무척 발달해 있다. 아무리 작은 골목이라도 어디를 가
도 치과를 만나기는 어렵지 않다. 그러나 그 치과 비용은 우리나
라와 비교할 때 만만치 않아 쉽게 방문할 수 없다는 게 아쉽다.

75.
리사이클(자원 재생산)

항간에는 그 강대한 로마가 멸망한 원인 중의 하나가 쓰레기 때문이었다는 말이 있다. 그만큼 당시에는 먹고 마시고 즐기는 인간 향락의 극치의 결과로 생긴 쓰레기가 자연의 섭리인 생태계를 심하게 파괴했다는 것이다. 그러나 오늘날의 자연환경 파괴와 비교한다면 그것은 조족지혈일 것이다.

서울의 쓰레기 매립장인 난지도가 하나의 거대한 인공 산으로 변한 탓에 더 이상 매립이 불가능해져 김포 쪽으로 매립장을 옮긴 것도 오래전의 일이다. 그 후로 서울과 경기도의 쓰레기 매립장 분쟁이 끊이지 않고 있다.

매립 이외에도 소각을 통하여 완전 공중분해를 시도하기 위해 목동·분당 등 대단위 아파트 단지를 중심으로 하여 소위 지역난방 형태의 대형 소각장이 건립되었으나 소각 시에 발생하는 독가스, 특히 다이옥신 배출이 문제가 되어 주민과의 마찰이 계속되고 있다.

인구가 많아지고 생활의 편리함을 추구하는 일회용품의 증가 등으로 앞으로 쓰레기는 엄청나게 증가하여 인간 생활의 골칫덩이로 전락하게 될 것이 분명하다.

이러한 쓰레기 처리 문제는 우리뿐만 아니라 일본에서도 매우 심각한 문제가 되고 있다. 지방 자치가 우리보다 백 년 이상 먼저 발달해 있는 일본은 쓰레기 매립장도 역시 지자체별로 각각 건설되어 있는 게 특징이다. 그러다 보니 산업 폐기물을 무인도 등에 몰래 버린다거나 다른 지방에 몰래 버리는 일이 빈발해서 지자체 간의 대립이 종종 일어난다. 일종의 '님비(NIMBY, Not In My Back Yard)' 현상이다. 대표적인 예로 '세토나이카이(瀬戸内海)'의 섬에 시코쿠(四國)에서 쓰레기를 몰래 버렸다는 문제로 효고현(兵庫県)과 마찰을 빚은 문제를 들 수 있다.

이러한 쓰레기 문제 해결 방안의 하나로 일본정부 당국이 추진하는 것이 '리사이클(자원 재활용)' 운동이다.

가능한 자원의 재활용을 통해 쓰레기의 양을 최소화하고 경제적인 이익도 꾀한다는 것이다. 이것의 달성을 위해서는 무엇보다도 먼저 지역 주민의 협조가 관건이다. 각 가정의 주부가 솔선수범하여 쓰레기 분리 운동에 협조하고 재활용품과 매립할 것을 철저히 분리하여 내놓아야 한다는 것이다.

일본도 우리와 같이 쓰레기 분리수거를 실시하고 있다.

휴지나 비닐 등 소각이 가능한 것은 파란 비닐봉투, 부엌에서 나오는 물기 있는 쓰레기로 매립할 것은 검정 비닐봉투 그리고 병이나 깡통은 별도로 내놓고 대형 쓰레기는 현(県)의 허가를 받아서 자신의 이름을 붙여서 내놓아야 한다. 이렇게 해도 일본은 편의점·도시락 문화·선물 문화의 발달로 인해서 좀처럼 쓰레기의

양이 줄지 않고 있다고 한다.

우리도 서울, 부산 등 대도시뿐만 아니라 농촌까지 폐기물로 골치를 앓고 있다. 그 해결을 위해서는 먼저 국민 한 사람, 한 사람의 의식이 깨어 있어야 하고 쓰레기양의 감소를 위해 일회용품 사용을 자제하고 당국의 방침에 적극적으로 협조해야겠다. 모두 다 자기 편리만을 추구한다면 언젠가는 지구 전체가 하나의 거대한 쓰레기더미에 파묻힐지도 모른다.

자원 재활용을 위한 당국의 연구와 노력도 계속되어야 함은 말할 필요도 없다.

76.
벼농사

일본의 벼농사는 고대 한반도로부터 전해져 왔다. 그래서인지 농촌의 풍경이 우리와 똑같다. 우리보다 기계화가 많이 되었다는 것이 조금 다르다고나 할까?

근대 이전만 해도 일본은 쌀 수확량이 적어서 몹시 가난한 나라였으며 일제 강점기 때는 한반도의 질 좋은 쌀을 대량으로 약탈해 간 적이 있다.

그러나 지금은 쌀의 재고가 남아돌아 창고에서 썩어 가고 있을 정도이다. 일본은 분명 우리에게서 벼농사를 배웠지만, 지금은 우리보다 그 기술이 훨씬 발달해 있다는 것을 부인할 수 없다.

일본의 쌀 수확량이 급증한 것은 에도시대였다고 한다. 혼란한 전국시대를 평정한 도쿠가와 이에야스(德川家康)가 막부 정치를 시작할 때, 지방별로 '다이묘(大名, 영주)'의 등급을 쌀 수확량에 의해서 결정했다고 한다. 그러다 보니 '다이묘'들은 앞다투어 황무지를 개간하고 벼농사에 관한 연구에 힘을 써서 쌀 생산량 확보에 혈안이 되었다고 한다. 이게 바로 일본에서 벼농사가 발전할 수밖에 없었던 계기가 되었다.

홋카이도는 일본 열도 중에서도 추운 지방으로 도저히 쌀 생산이 불가능한 곳이지만, 몇 년 전에 이곳 사람들이 추운 지방에서도 잘 자랄 수 있는 볍씨를 개발해서 현재는 많은 양의 쌀을 수확하고 있다. 정부 당국에서는 벼농사가 불가한 탓에 대체 작물로 옥수수나 감자, 양파 등을 재배토록 적극적으로 장려하였으나, 주민들은 이에 따르지 않았고 홋카이도 지사가 추운 곳에서도 벼가 자랄 수 있는 볍씨를 연구하도록 하여 이룬 성과라고 하니 일본인들이 벼농사에 대해 얼마나 많은 애착을 갖고 있는지 가히 알만하다.

일본정부는 작년 벼농사가 대풍이었기 때문에 금년에는 경작 면적을 줄여줄 것을 각 현에 지시하고 벼농사를 짓지 않을 경우 정부 보조금을 지급한다고 했지만, 역시 주민들이 따라주지 않았다. 쌀 이외의 다른 대체 식량이 있다 할지라도 쌀에 대한 일본인들의 애착은 대단하다.

일본은 모든 농수산물 시장을 개방한 지 오래다. 3~4년 전에 정부 간 무역 거래를 원활하게 하기 위하여 동남아 등지의 쌀을 대량으로 수입하여 싼값에 시장에 내놓았으나 전혀 팔리지 않았다고 한다.

일본산 쌀이 수입쌀보다도 몇 배나 비싼데도 불구하고 수입쌀은 아예 거들떠보지도 않았다고 한다. 그래서 정부는 수입 쌀 판매 촉진을 위해서 10kg 쌀 한 포대를 1엔에 판다고 했지만, 역시 사 가는 사람이 없었다고 한다. 여기에서도 일본인들의 단체성을 엿볼 수 있다.

일본산 쌀일지라도 종류와 생산지에 따라서 그 가격 차이는 천차만별이다.

적어도 일본은 벼농사에 대해서는 세계 제일이라는 자긍심을 가진 것 같다. 발달한 벼농사 기법을 호주나 뉴질랜드, 아메리카 등지에 전파한 장본인이 자신들이라고 어깨를 으쓱댄다.

그러나 현시점에서는 일본도 우리와 마찬가지로 쌀의 자급자족률은 40% 남짓으로 극히 저조하다. 식생활의 변화로 쌀 소비가 급격히 줄어들다 보니 쌀의 재고가 증가한 것이다. 그래서 일본의 지식인층에서는 강대국의 식량 무기화에 대비하여 질 좋은 쌀 생산과 경지 면적을 계속 늘려야 한다고 주장하는 사람도 있다.

우리도 세계 강대국들의 식량 무기화에 대비할 때다.

77.
일본인들의 주식(主食)

일본인들은 농경민족인지, 기마민족인지, 아니면 어업을 주로 하는 민족인지 잘 구분이 안 되는 민족이다. 즉, 이들이 모두 혼재해 있는 나라이다.

일본은 우리나라와 같이 전 국토의 약 70%가 산지이고 사면이 바다로 둘러싸인 섬나라이다.

6~7세기경에 한반도에서 도래한 백제인으로부터 벼농사를 전수받고서 쌀을 중시하는 정책을 꾸준히 펼쳐 왔으나 워낙 평야가 드물었던 관계로 그 수확량은 그다지 많지 않았다고 한다. 그 때문에 자연히 한반도 연안으로 노략질을 하러 왔고 일제 강점기 때는 질 좋은 쌀을 대량으로 공출하여 갔다. 그런 일본이 지금은 쌀이 남아돌아 창고에서 썩고 있어 일본정부에서는 감량 생산을 유도하고 있으나 지역민들의 호응을 얻지 못해 별 효과가 없다고 한다. 20세기 초만 해도 이들의 주식인 쌀 부족으로 허덕이던 일본에 어떻게 쌀이 남아돌고 있을까?

일본은 1867년 '메이지 유신(明治維新)' 이전까지는 소위 쇼군(將軍)에 의한 막부 정치가 16대까지 계속되어 왔다.

일본 전국시대를 평정한 '오다 노부나가(織田信長)', '도요토미 히데요시(豊臣秀吉)'를 거쳐서 '도쿠가와 이에야스(德川家康)'가 근거지를 에도(江戸), 즉 지금의 도쿄(東京)로 옮김으로써 본격적인 막부 정치가 시작된다. 당시 전국 각지의 '다이묘(大名)'들이 앞다투어 '쇼군(將軍)'에게 잘 보이려고 진기한 특산물을 진상해 왔는데 쇼군이 이를 절묘하게 이용했다고 한다.

즉, 지역별로 다이묘의 등급을 쌀 수확량으로 결정한다는 막부의 방침에 따라서 다이묘들은 쌀 증산을 위해 갖가지 방법을 강구했다.

황무지를 개간한다거나 쌀의 품종을 개량한다든지 하여 수확량 제고에 심혈을 기울였다.

그 결과로 쌀 수확량이 엄청나게 증가하고 일본의 쌀 품종 개발 기술 등이 급속하게 발전할 수 있었다는 것이다. 따라서 다이묘들의 등급도 쌀 몇만 석 등으로 서열이 매겨졌다. 일본에 우리가 벼농사를 전해 줬지만, 지금은 이들이 개발한 '아키바레'나 '고시히카리' 등의 품종이 우리나라에서도 인기가 있는 것을 보면 묘한 생각이 든다.

이런 일본이 개방화되고 서구화되면서 식생활에도 많은 변화가 일어났다. 빵을 많이 소비하고 스파게티, 소바(메밀), 우동 등 밀가루를 원료로 하는 식생활이 일반화되었다. 하지만 아직도 대다수의 일본인은 쌀 없이는 살 수 없을 만큼 쌀밥을 선호하는 것도 사실이다.

우리가 아무리 진수성찬을 대접받더라도 밥을 먹지 않으면 왠지 허전한 것 같은 느낌을 받는 것을 일본인들도 느끼고 있다고 한다. 세월이 지나고 많은 것이 변했어도 일본인들의 주식은 우리와 같이 쌀일 수밖에 없다는 것이다.

그러나 요즘 일본에서는 쌀이 남아도는 데도 불구하고 자급률은 50%가 채 안 된다고 한다. 우리가 40% 정도라는 얘기를 들은 적이 있는데 일본도, 우리도 쌀이 주식이지만, 식생활의 변화로 그만큼 소비가 줄어서 여유가 있는 것이지, 공급량이 충분하다는 것은 아니다.

이를 이용한 미국 같은 강대국의 식량 무기화에 대비해야겠다.

하지만 같은 문화권인 중국은 쌀보다는 면이 주식이라고 하니 참 묘한 일이다.

78.
일본인들의 서양 선호

일본 도쿄의 '롯폰기(六本木)'라는 곳에 가 보면 온통 외국인과 일본 젊은이들의 물결로 출렁거리는 천국인 것을 볼 수 있다. 여기는 일본인과 외국의 남녀들이 서로 만나서 뒤엉키는 소위 국제 골목이나 다름없다. 이곳에 가 보면 여기가 일본인가, 아니면 미국인가 분간할 수 없을 정도이다. 얼핏 보아서는 내·외국인의 구별이 힘든 곳이다.

일본인들이 경제적으로 부유하고 세계의 선진국이 됐다는 그 이면에는 작은 키 등 동양인의 신체 구조에 대해서 불만이 많은 것 같다.

내가 처음 일본에 갔을 때는 노랑·파랑·빨강 등 울긋불긋한 사람들의 머리칼을 보고 서양인들이 참 많다고 생각했었다. 그러나 그들은 서양인이 아니라 머리 염색을 한 일본인들이었다. 조금이라도 동양적인 것을 탈피해 보려는 의도에서 서양의 것을 모방한 것이라고 한다.

확실히 일본의 젊은이들은 서양인이라면 무작정 좋아하고 동양인이라면 무시하는 경향이 있는 것 같다. 요즘 일본의 신혼부부에게 호주가 새로운 신혼여행지로 각광받고는 있지만, 예전부터 지금까지 하와이는 유일무이한 일본인들의 신혼여행지이다. 제2차 세계대전 중에는 일본인들이 가장 싫어했던 미국이 전쟁 후에는 가장 동경하는 나라가 되어버렸으니 참으로 아이러니하지 않을 수 없다. 속된 말로 '미국' 하면 사족을 못 쓴다. 일본인들은 분명 동양인이면서도 자신들은 서양인이라는 의식이 있으며, 내심으로는 동양인이라는 핸디캡을 벗어버리려고 애쓰는 것처럼 보인다. 대학 수업 시간에도 이런 경향을 엿볼 수 있었다.

중국이나 한국 등 동양권 유학생들이 질문하면 선생은 귀찮아하거나 못마땅한 표정을 보이지만, 서양인 학생들이 질문하면 말도 되지 않는 질문에도 그렇게 친절할 수가 없다. 물론 모든 선생이 다 그런 것은 아니지만, 확실히 일본인들은 서양, 그중에서도 미국 선호사상이 남다르다.

우리나라 사람들은 '국제결혼' 하면 아직도 부정적 사고를 갖고 있음을 부인할 수 없다.

그러나 일본인들은 그렇지 않다. 국제결혼, 특히 미국인이나 유럽인들과의 결혼을 자랑스럽게 생각하는 경향이 뚜렷하다.

하지만 일본인들이 아무리 발버둥 쳐도 그들 역시 우리와 같은 동양인일 수밖에 없는 것을 어떡하랴?

79.
일본인들의 한일관

일본인들은 솔직히 말해서 우리 한국을 잘 모른다. 어쩌면 한반도로부터 문물의 유입 자체를 일부러 부정하고 있는지도 모른다.

교수가 수업 시간에 대륙 문물의 일본 열도 유입 등에 관해서 얘기할 때면 중국으로부터 전래되었다고 하지, 한반도에서 왔다는 얘기는 거의 하지 않는다. 정말 자존심 상하는 일이다. 고대 시대의 한자나 불교의 전래까지도 이들은 중국에서 건너왔다고 한다. 그나마 중국이라도 인정해 주니 다행이라고나 할까?

왜 일본인들은 한반도라는 문물 전래의 한 과정을 아예 생략하려고 할까? 더 속상한 것은 언젠가 문화사 강의 시간에 한 일본인 교수가 참고 자료로 조선의 연표를 학생들에게 나누어준 적이 있다. 한눈에 볼 수 있는 한반도의 고대부터 현대까지의 역사 표였다. 놀라운 것은 고구려·백제·신라·고려·조선이 끝나고 1910년부터 1945년까지는 '일본'으로 표기되어 있었다는 것이다. 우리의 연표에 일본이라는 나라가 실재하고 있는 것이다. 많은 학생이 있는 가운데라 뭐라고 불평을 할 계제가 못 되었다. 혼자 속으로만 끙끙거렸지만, 부정할 수 없는 사실인 것을 어찌할 것인가!

일본은 한반도의 동남쪽 아주 가까운 곳에 위치하고 있지만,

이들은 우리의 것에 대해서 너무 모른다. 가르치지 않는 학교 교육에도 문제가 있지만, 이들의 저변에서는 한국을 과거에 자신들의 식민지였던 중국 끝자락의 한 조그마한 나라 정도로밖에 생각하지 않는 것 같다. 어쩌면 우리를 보고 우쭐대고 있는지도 모른다. 일본의 젊은 대학생들과 얘기해 봤더니 대다수가 한일 합방을 잘 모르고 있었다. 그런 일이 있었냐고 하는 것이다. 그러나 우리는 어떠한가?

이러한 일본인들의 태도를 어떻게 봐야 할까?

한편으로는 지난날 우리의 수치를 들추어내어 교만하게 구는가 하면, 또 한편으로는 아예 그런 일이 있었는가 하는 정도로 무관심하다. 우리의 중·고등학생이 일본의 역사를 줄줄 외고 있는 것과 비교해볼 때 너무나 대조적이다. 정말 불쾌하기 이를 데 없다.

일본은 '섬나라'라는 유리한 지형 때문에 단 한 번도 외침을 받아 본 적이 없다. 단지 일본 열도 내에서 자기네들끼리 싸우기는 했다.

그래서인지는 모르겠지만, 일본인들이 자기네가 마치 동양의 왕자인 양 행동하는 것을 곧잘 볼 수 있다. 제2차 세계대전 당시 대동아 공영권의 망상을 아직도 저버리지 못한 일본인들이 상당히 많이 있으니 말이다.

세계의 선진국, G7의 회원국으로서 이들은 동양에 살면서도 자신들은 서양인과 같다는 착각 속에서 사는 것 같다. 서양을 흉내 낸 머리 염색, 옷, 음식 등 그 종류는 헤아리기가 어려울 정도다.

한일 관계가 개선되려면, 먼저 양국의 최고 지도자가 과거의 역사를 사실대로 인정해야 할 것이다. 즉, 일본은 한반도로부터의 문물의 전래 등에 대하여 감사하고 또 지난날의 과오인 임진왜란이나 일제 식민지 등에 대해서 정중하게 사과해야 할 것이다. 그리고 우리도 솔직하게 인정할 것은 인정해야 한다. 비록 우리가 일본에 일부의 문물을 전해 줬지만, 근대화를 이루는 과정에서는 적잖은 일본의 도움을 받았다고 감사할 것은 감사해야 한다. 그래야만 양국 관계는 서로 믿을 수 있고 우리의 마음속에 응어리져 있는 앙금이 녹아 없어질 테니 말이다.

대한해협을 사이에 둔 두 맞수는 경쟁과 동반자 관계를 함께 구축해야 할 것이다.

80.
한국인의 반일 감정

작년 가을에 아들 지현이가 중학교 3학년 때 내게 써 보내온 편지가 지금도 눈에 생생하다. 고등학교 급우가 일본제 CD와 오락 게임 프로그램을 자랑하다가 친구들로부터 이지메를 당한 적이 있으며, 요즘에는 학교 친구들이 자신의 PC에 있는 일본제 게임을 전부 지워버린다는 내용이었다. 또, 지현이는 외국어고등학교(명덕외고)에 응시할 생각인데, 외고에 개설된 영어·독어·불어·중국어·일어·러시아어 6개 과 중에서 일어과가 가장 인기가 없고 성적이 좋지 않은 아이들이 간다고 하면서 나에게 왜 일어를 공부하러 일본으로 유학을 갔느냐고 물었다.

아들에게 어떻게 답장을 보내야 할지 망설이다가 우리나라 사람들이 일본을 제대로 알지 못하는 데서 오는 현상이라고 간단히 써서 보냈다.

그건 사실이다. 우리나라 사람은 너나 할 것 없이 일본이라면 일단 뭐든지 배척하고 본다. 이런 현상은 스포츠에서 확연히 드러난다.

축구든, 야구든, 권투든 어떤 경기든지 일본과의 시합이면 반드시 이기지 못하면 참지 못하는 게 우리 국민이다. 이런 현상을 어떻게 봐야 좋을까? 나름대로 생각해 보건대 삼국 등 고대시대 때는 우리가 일본에 모든 문물을 전해 줬다는 자부심을 갖고 있었는데 임진왜란으로 한반도가 초토화되고 특히 일제 35년간의 식민지를 상기할 때의 수치심, 자괴감을 이렇게 표현하고 있지 않나 생각해 본다.

그러나 놀라운 사실은 이처럼 일본이라는 말 자체에 알레르기 반응을 보이는 사람들도 일제 전자제품이나 자동차 등을 얼마나 선호하고 있었는가 하는 것이다.

우리 대학생들이 어학 공부나 음악 감상을 위해 휴대하는 소형 카세트의 브랜드를 조사해 본다면 더 자명한 사실을 알 수 있다. 한때 일제 전기밥솥 '조지루시(象印)'가 언론을 떠들썩하게 했던 일을 기억하는 사람은 적지 않을 것이다.

그렇다면 우리나라 사람들은 일본의 어떤 면을 싫어하고 있을까?

딱 꼬집어서 이거라고 말할 순 없지만, 식민지에 대한 증오심이 아닐까?

우리가 일본을 미워하기에 앞서서 우리 자신을 먼저 되돌아보는 자세를 가져야 한다고 본다. 왜 임진왜란으로 조선 천지가 황폐화되었고, 왜 35년간이나 일제의 식민지가 되었는지를 말이다.

일본은 전통적으로 무사 계급이었으나 우리는 문치 국가였다. 물론 삼국·고려시대 때 무사 중심의 정치를 한 적도 있지만, 대체로 문(文)을 숭상하고 무(武)를 천시하는 경향이 짙었다. 조선시대를 돌이켜 볼 때, 세종의 '4군6진 개척'이나 이율곡의 '십만 양병설' 등에 나타나는 바와 같이 국방의 중요성을 인식한 적도 있었지만, 조선조 500년간 대부분의 왕은 국방 자체를 중국에 의존하는 편이었다. 오로지 중국으로부터 전해지는 모든 것은 선(善)이고 그 외의 것은 악(惡)이라는 왜곡된 시각을 갖고 있었고, 새로운 정보라는 것은 오직 중국 것밖에 없었다고 해도 과언이 아니었다. 바다 건너 섬나라에서 대륙 진출이라는 어마어마한 야심을 키우고 있던 일본이라는 나라에 대해서 너무 과소평가하지 않았나 하는 생각이 든다. 역사의 흐름이 천자국인 중국에서 개화의 물꼬가 트이는 일본으로 옮겨가고 있다는 사실에 대해서 미처 깨우치지 못한 것이다. 설령 섬나라 왜구가 쳐들어온다고 해도 중국이라는 든든한 후원자가 국방까지 모두 책임져 줄 것이라고 굳게 믿었던 것이고 그게 사실이었다. 그러나 중국만 믿고 따랐던 그 결과는 어떠했나? 스스로 힘을 기르지 못한 말로는 어떠했나? 대한민국 사람이라면 누구나 그 참혹함을 익히 알고 있으리라고 본다.

이를 오늘과 비교해 보자. 정부는 자주국방이니 하면서 야단법석을 떨고 있지만, 아직도 미국이라는 대국에 의존하고 있지 않은가! 단지 중국이라는 나라 대신 미국이라는 새로운 나라에 의존할 뿐이다. 국방뿐만 아니라 경제 등 총체적으로 미국 없이는 우리가 제대로 설 수 없으니 이 또한 문제가 아닐 수 없다. 미국을 제대로 알지 못하고서는 미국의 주도권에 휘말릴 수밖에 없다.

우리나라 사람 중에서 얼마간 일본에 유학을 갔다 왔거나 일본어를 좀 잘한다고 하여 자신이 속칭 '일본통'이라고 주장하는 사람들이 있다. 그러나 사실은 우리나라 사람들은 일본을, 일본인을 잘 모르고 있는 것 같다. 이제부터는 무작정 일본을 미워하기에 앞서서 일본을 정확히 알아야겠다.

정부 관계자나 민간인을 막론하고 과연 일본의 정치·경제·사회 등에 걸쳐서 폭넓게 "일본은 이렇다.", "일본인은 이렇다."라고 말할 수 있는 사람이 얼마나 될까? 나는 감히 거의 없다고 말해 본다. 물론 일본에 유학해서 자기가 공부한 일부에 대해서는 정통할지 몰라도 일본의 세세한 부분까지 연구하고 분석해서 대응 전략을 세울 수 있는 사람은 얼마나 될까?

지금도 늦지 않았다고 본다. 정부는 정책적인 차원에서 전문적으로 일본 연구를 추진해야 할 것이다. 단지 일본에 얼마간 거주하고 일본어를 구사할 줄 안다고 해서 일본을 아는 것은 아니다.

지난날의 과오를 되풀이하지 않기 위해서는 미국은 물론이고 일본에 대한 종합적이고 충분한 연구가 선행되어야 한다. 일본이 선진국이고 세계의 경제 대국이라는 사실을 부인하는 사람은 아무도 없을 것이다.

과거에는 우리보다 뒤처졌던 일본이 왜 이처럼 됐을까를 조목조목 따져 보고 배울 것은 배워야겠다.

그러다 보면 지금의 적대 감정을 넘어서서 함께 어울려 사는 이웃으로서 참다운 동반자 관계가 정립될 수 있을 것이다. 맨날 일본의 뒤나 따라다니면서 대등한 관계를 요구하는 것은 어불성설이다. 일본을 적대하기에 앞서서 냉철하게 우리의 현실을 직시해 보자.

누군가가 얘기했듯이, 미워하는 감정은 곧 사랑하는 감정이다. '가깝고도 먼 나라'라는 오해를 씻을 수 있도록 우리가 먼저 모범을 보여야겠다.

81.
한국인 2세

이곳 교토, 오사카, 도쿄 등 일본에는 재일 한국인이 무척 많다. 오사카만 해도 약 30만 명가량이라고 한다. 한일 합방부터 해방 전까지 이주한 조선족들이다. 많은 동포가 일본국적으로 바꿨기 때문에 그 수는 많이 줄어들었지만, 이들 동포들은 이방인으로서 못 배운 탓에 주로 막노동, 장사, 택시 운전사 등 소위 밑바닥 인생을 살아왔고 지금도 상당수가 사람대접을 제대로 받지 못하며 생활하고 있다.

일본정부가 외국인의 지문 채취, 공직 취업 제한 등 차별화 정책을 계속하고 있어서 상당수의 한국인 동포가 창씨개명을 하고 영구 귀화한 경우가 많다. 한국인으로서는 참으로 가슴 아픈 일이다.

왜 한국인 신분으로 일본에서 살 수 없을까? 중국 화교들은 한국이나 일본에서 몇 대에 이르러도 중국인임을 자처하고 한국 속, 일본 속의 중국인으로 살고 있지 않은가!

내가 세 들어 사는 집의 주인은 조선족이다. 그러나 완전히 창씨개명을 하여 일본인으로 행세하며 살고 있다. 여주인이 어느 날 내게 자신의 과거를 대충 얘기해 줬다. 남편은 조총련계 집안이고 자신은 민단계였다고 한다. 자신의 언니들이 일본인 남자와 결혼하였으나 하나같이 모두 조선인이라며 홀대받은 탓에 이혼하였다. 그래서 자신은 언니들과 같은 전철을 밟지 않기 위해 할 수 없이 조선족인 남편과 결혼하였으며, 내친김에 일본인으로 귀화까지 해버렸다고 한다. 주변에서는 '도쿠시마(德島)'라는 성을 사용하는 일본인으로 알고 있어서 혹시라도 조선족임이 탄로 날까 봐 전전긍긍하는 모습이 애처롭기까지 했다.

한국말도 어느 정도 구사가 가능했지만, 아내가 일본에 방문할 때 가져온 선물을 줄 때 "감사합니다."라는 말을 한 것 이외에는 모두 일본어로 소통했다.

자신의 정체를 감추려는 방편이었으리라.

그러나 이들 부부가 먹고사는 모습을 보면 확실히 조선족임을 알 수 있다. 김치며 막걸리, 된장과 고추장 모두 우리의 음식 그대로이다.

이처럼 한국인이라는 사실을 감추고 일본인 행세를 하며 사는 한국인 아닌 한국인들은 우리 민족을 대할 때 일본인들보다도 더 싸늘하고 냉담한 것을 느낄 수 있다.

재일 동포들이 음식점을 운영할 때는 주로 '야키니쿠(燒肉, 돼지고기나 소고기 구이집)점'을 운영한다. 집 앞의 '야키니쿠야'에 친구와 간 적이 있었는데, 조선족인 아주머니가 그렇게 쌀쌀할 수가 없었다. 분명 한국인임을 다 알고 있고 다른 손님은 아무도 없는데도 우리에게 단 한 마디의 한국말도 하지 않고 이상야릇한 표정으로 바라볼 뿐이었다. 왜 이들은 이토록 자신을 죽이고 감추며 살 수밖에 없을까? 누가 이들을 이렇게 만들었을까? 이들을 흉보고 나무라기에 앞서서 이들에게 우리는 무엇을 해 주었는가를 생각하니 할 말이 없다.

여기 일본에서 이들이 살아남기 위해서는 이 방법밖에 없다고 여기고 이런 모습을 터득한 것일까?

해가 갈수록 일본으로 귀화하는 조선족의 숫자는 많아지고 반대로 재일 동포의 숫자는 감소하고 있다고 한다. 얼마쯤 더 세월이 흐르고 나면 이들 모두 어느새 일본인이 되고 말 것이다. 그리고 먼 훗날 어쩌면 우리의 적으로서 우리의 가슴에 총을 겨눌지도 모른다. 물론 지나친 망상이겠지만….

82.
재일 중국인

중국의 총인구는 약 13억 명이라고 한다. 정확한 인구 조사가 어려우므로 실제 인구는 이보다 더 많을 거라고 한다. 전 세계 인구가 약 58.7억 명가량이니 전 세계의 20% 정도를 차지하고 있다. 그래서인지 일본에도 많은 중국 교포와 유학생들이 거주하고 있다. 요코하마와 고베시에 가보면 차이나타운이 크게 조성되어 있어서 이곳이 일본인지, 중국인지 구분이 안 될 정도이다. 그런데도 중국인들의 일본 밀입국이 끊이지 않는다고 언론에서 연일 떠들어대고 있다. 브로커를 통해 수십 명씩 배를 이용하여 밀입국을 시도하다 경찰에 적발되는 경우가 심심찮게 이곳뉴스에 오르내린다. 일본 대학의 유학생 대부분을 점유한 것도 중국인들이다.

이러한 중국인들은 몇 대(代)를 지나도 자신들의 성(姓)과 이름을 그대로 사용하며 후손들에게 끊임없이 중국과 중국어를 가르친다고 한다.

차츰 귀화인들이 많아지고 2대, 3대에 이르면 우리말조차 구사하지 못하는 재일 한국 동포들과는 너무나 대조적이다. 우리 동포는 왜 그럴까?

여기에는 그럴 만한 이유가 있다.

일본인들은 한자를 비롯한 지난날의 문화유산이 모두 중국으로부터 전해졌으며 과거에 중국이 대륙의 지배자였다고 인정하고 있다. 지금은 비록 경제적으로 개발도상국에 불과하지만, 그들의 저력을 일본인들은 받아들이고 있는 것이다.

그러나 한반도로부터의 문물 유입에 대해서는 무척이나 말을 아낀다. 특별한 것, 예를 들면 도자기 등을 제외하고는 한반도에서의 문물의 유입을 언급조차 하지 않는다. 지난날 아시아의 강자였던 중국과 오늘날의 강자인 일본의 틈바구니에 낀 우리는 늘 조마조마한 마음으로 살아가지 않을 수 없는 안타까움이 지금도 상존하고 있다.

국력이 얼마나 중요한가를 말해 주는 이야기다. 하루빨리 남북통일을 이루어 우리도 극동의 왕자가, 아니, 세계의 왕자가 되도록 해야겠다.

일본인들이 우리를 식민지화했다는 것을 늘 생각의 저변에 깔고 있는 것처럼, 중국인들과 얘기해 보면 한반도는 근세기까지 중국의 일개 성(城)에 불과했다고 태연하게 말하곤 한다. 배알이 뒤틀리고 역겹지만, 이게 모두 사실인 것을 어쩌란 말인가!

우리는 좀 더 겸허한 자세로 자신을 낮춰서 현실을 제대로 직시할 수 있어야겠다. 지정학적인 이유 등을 들어 한반도가 그럴 수밖에 없었다고 자학하기에 앞서서 도리어 지정학적인 이점을 이용해 남북으로 더 멀리 뻗어 나갈 수 있는 무한한 가능성을 고찰해야겠다.

좀 비관적인 학자들은 지난날의 상국(上國)인 중국을 대신해 오늘날에는 미국이라는 새로운 상국(上國)이 등장한 것 이외에는 한반도의 상황은 예전과 똑같다고 한다. 일견 그렇게 보일 수도 있는 현실이다.

그러나 늘 슬픔과 비관에만 젖어 있다면 우리의 앞날은 암담할 뿐이다.

극동의 미꾸라지가 아니라 승천하는 용이 될 수 있도록 우리 모두 자신을 엄격하게 관리해야겠다. 반도 국가였던 로마가 전 세계를 지배했던 것처럼 우리도 충분한 가능성을 가지고 있는 민족이다.

하지만 예나 지금이나 정치를 하는 사람들은 너무 썩어 있고 비전이 없다. 탁상공론과 분열만 계속할 뿐, 국민에게 뚜렷한 미래를 제시해 주지 못한다. 어쩌면 "행정가만 있고 정치가가 없어도 나라는 이보다 더 잘 나갈 것이다."라고 하는 사람들의 말을 지금의 정치가는 새겨들어야 할 것이다.

83.
모모야마성(桃山城, 모모야마죠)

　교토시의 후시미구에 있는 모모야마죠(桃山城)는 일본 전국을 최초로 통일한 도요토미 히데요시(豊臣秀吉, 1537~1598년)가 1594년에 축조한 성(城)으로 그는 말년에 오사카성이 아니라 이곳에서 여생을 보냈다고 한다. 모모야마죠(桃山城)는 한마디로 거대하고 웅장하다. 우리나라에서는 볼 수 없는 그런 성이다. 텐슈카쿠(天守閣, 일종의 망루)에 있는 고기 모양의 장식(鯱, 샤치)이 특이하다. 주변에는 왜 그리도 나무가 많은지. 대나무, 소나무, 상수리 나무 등 여러 나무가 혼재하여 설악산이나 지리산의 삼림보다도 더 울창하다. 모모야마죠(桃山城) 주변은 온통 아름드리 나무숲으로 메이지 천황(明治天皇)의 능이 있다. 봉분은 우리의 왕릉만큼이나 크지만, 봉분에 풀이 전혀 없는 것이 특이하다. 풀 대신 작은 돌멩이들로 덮여 있다.

　모모야마죠와 관계된 사람으로는 도요토미 히데요시(豊臣秀吉), 차도를 완성하여 정리한 센노리큐(千利休, 1521~1591년), 일본 가부키(歌舞伎)의 창시자인 이즈모노 오쿠니(出雲の阿國, ?~1584년 또는 1590년) 등이 있다고 한다.

　도요토미 히데요시는 우리 조선을 침략한 임진왜란의 원흉으로서 모모야마죠를 방문하여 혹시라도 조선 침략에 대한 문구가 있지 않나 찾아봤으나 보이지 않는다. 다만 "1575년에 조선 당쟁이 일어나다."라는 짧막한 글귀가 눈에 들어온다. 한국 관광객이 많기 때문에 일부러 임진왜란이란 말은 빼놓았을까 하는 의구심마저 든다.

3층에는 도요토미 히데요시의 갑옷과 토요쿠니 신사(豊國神社), 황금의 차실(茶室) 등이 전시되어 있다.

도요토미 히데요시는 정실인 네네(寧子)로부터 아들을 얻지 못하고 도요토미 히데쯔구(豊臣秀次)를 양자로 맞이했고, 측실인 요도기미(淀君)로부터 장남인 즈루마츠(鶴松)를 낳았으나 3세 때 사망했다고 한다. 그 후 요도기미로부터 차남인 도요토미 히데요리(豊臣秀賴)를 낳아서 대를 잇게 했으나 도쿠가와 이에야스(德川家康)의 배신으로 요도기미와 도요토미 히데요리는 오사카성에서 자살했다.

도쿠가와 이에야스는 자신의 손녀인 센히메(千姬)를 도요토미 히데요리와 정략 결혼시켰다. 그러나 센히메는 도쿠가와 이에야스가 오사카성을 공격할 당시 죽지 않고 살아남아 1천 명의 남자와 놀아났다고 해서 센히메(千姬)라는 이름을 얻었다는 이야기가 전해지고 있다.

84.
후지산(富士山) 등산

후지산은 해발 3,776m로 일본 최고봉을 자랑하는 산이다. 산이 워낙 높아서 등산은 7월 1일부터 8월 말까지 약 2개월 동안만 가능하다.

나는 1996년 8월 19일 1박 2일 일정으로 후지산에 올라 보기로 하고 아침 일찍 교토역 하치죠구치(八條口)에서 버스에 올랐다. 가이드와 안내양 그리고 운전사가 매우 친절하다. 후지산 입구에 가면 또 한 사람의 가이드가 합류한다고 한다. 등산객은 주로 가족이나 친구들을 중심으로 하여 남녀노소를 가리지 않고 많았다.

버스가 출발하자 여행 가이드인 나카니시(中西)가 후지산 등산 일정에 대해서 간단하게 설명한 후 귀중품은 각자 잘 간수할 것, 차 내의 금연에 적극적으로 협소할 것, 시간 엄수 등의 세 가지 사항을 당부했다.

나고야를 거쳐 도쿄 방향으로 가는 차창 밖의 풍경은 우리의 농촌 풍경과 별 다를 바 없다. 논밭이 펼쳐지고, 산들이 줄지어 달리고, 소들은 한가하게 풀을 뜯고 있다. 산에는 나무가 무성하고 냇가의 물은 너무나도 맑다. 버스가 후지(富士) 인터체인지를 통과하자 멀리 이즈반도와 태평양 바다가 한눈에 들어온다. 버스가 종착 지점인 2,305m의 5부 능선(五合目)에 도착하여 산행 채비를 갖췄다. 5부 능선인데도 우리의 지리산이나 한라산보다 높고 한여름인데도 초겨울처럼 추위가 느껴진다. 모두 두툼한 겨울옷을 입을 수밖에 없다.

저녁 식사를 끝낸 후 등산 준비를 서둘렀다. 나이 든 사람과 여자들을 맨 앞줄에 세우고 2열 종대로 출발했다. 등산 가이드가 맨 앞에서, 여행 가이드가 맨 뒷줄에 서서 패잔병보다도 더 느릿느릿하게 걷기 시작했다. 이렇게 천천히 걸어야만 정상까지 가는 데 무리가 없다고 한다.

고도 2,390m의 6부 능선(六合目)에 이르자 무성하던 수풀은 오간 데 없고 사막과 같은 모래, 자갈 그리고 바위들뿐이다. 해발 2,700m의 7부 능선(七合目)에 도착하자 사방이 어두워지고 한기가 으스스하게 느껴진다. 패딩 등 두툼한 옷을 입은 사람들도 춥다고 야단이다. 몇 번인가 휴식을 취해가면서 1차 집결지인 해발 3,020m의 8부 능선(八合目)에 도착하자 밤 9시가 지났다. 태자관(太子館)이라는 산장에서 약 3시간가량 짧은 수면을 취하고 새벽 1시에 기상했다. 우리나라 산장은 남녀 간에 침실이 확실하게 구분되어 있는데, 여기 산장은 남녀 혼숙이다. 내 양옆에도 여자들이 드러누웠다.

새벽 1시 정각에 어제와 같은 행렬로 또 걷기 시작했다. 오로지 춥다는 생각뿐이다. 태어나서 이렇게 추위를 느껴 보는 것도

처음인 것 같다. 그것도 한여름의 8월에 말이다. 그래도 산중의
밤 풍경은 너무나 아름답다. 멀리 구름 사이로 도쿄의 불빛이 희
미하게 가물거리고 밤하늘은 쏟아질 것만 같은 별빛으로 휘황찬
란하다. 서울에서는 도저히 볼 수 없는 밤하늘이다.

올라갈수록 추워서 견딜 수가 없다. 바람도 완전히 겨울바람
이다. 손가락, 발가락이 얼어붙어서 제대로 움직여지지 않는다.
우리 팀 46명 중에서 벌써 13명이 중도 탈락했다.

새벽 3시 30분경에 드디어 정상에 도착했다. 바깥은 아직도
어둠뿐이다. 라면으로 추위를 녹이고 휴식을 취하자 새벽 4시
30분경부터 주변의 모습들이 서서히 어둠을 거둬내고 모습을 드
러낸다. 발밑 저만치에 있는 것은 온통 하얀 구름뿐이다. 거대한
운해(雲海) 위에 내가 서 있는 것이다. 세상은 모두 저 구름 아래
에 있고 나만 구름 위에 떠 있는 기분이다. 멀리 내려다보이는
수평선과 지평선이 둥그런 것이 지구가 둥글다는 것을 말해 준
다. 구름 속으로 뛰어내리면 구름과 함께 두둥실 하늘을 날아다
닐 것 같은 착각 속에 빠진다.

아침 5시가 되자 동녘의 수평선이 붉은 줄을 그으며 밝아오기
시작한다. 해가 곧 떠오를 모양이다. 길게 늘어선 검붉은 띠가
한가운데로 점차 모이더니만, 5시 7분이 되자 태양이 빨간 눈썹
을 슬며시 내민다. 후지산에서의 일출이다. 모두 환호성을 지르
며 술렁거린다. 두 손을 모아 기도하는 사람, 팔딱팔딱 좋아서
뛰는 사람 등 가지각색이다. 나는 두 다리와 아랫배에 힘을 주고

심호흡을 하고서 태양의 정기를 흠뻑 **빨아**들였다. 태양이 솟아도 인간 세상은 여전히 구름에 덮여서 보이지 않는다.

정상에는 토리이(鳥居, 홍살문과 비슷함)가 2개 있고 맨 꼭대기에는 관측소가 있다. 분화구에는 물 한 방울, 풀 한 포기도 없다. 황량하기 그지없다.

5시 35분경에 대열을 재정비하고 하산 길에 접어들었다. 후지산은 등산길과 하산길이 완전히 구별된다. 등산로는 거의 직선으로 6㎞쯤 되지만, 하산 길은 지그재그로 약 9㎞를 꾸불꾸불 내려와야 한다. 풀 한 포기 없는 하산길은 사막보다 더 먼지 밭이다. 구멍이 숭숭 뚫린 현무암 조각과 먼지들로 흡사 스펀지 같기도 하고 고무를 밟는 것 같기도 하다. 계속 내려가도 구름이 머리 위로 올라가지 않는다. 6부 능선(六合目)에 이르자 그제야 구름의 높이와 내 키가 거의 같고 희미하게 후지산도 보인다. 하산을 완료하자 아침 9시다. 약 4시간가량 걸린 것 같다.

돌아오는 길에는 후지산 분화 당시 생성된 카와구치코(河口湖)를 둘러보고 교토로 돌아왔다.

85.
부락민(部落民)

요즘 일본에서는 부락민(部落民) 차별화에 대한 공개 토론회가 자주 열리고 있다. 부락민(部落民)이라는 말은 우리나라 말과 한 자까지도 똑같다. 우리나라의 부락(部落)은 마을을 의미하지만, 일본의 부락(部落)은 우리의 옛날 향(鄕)·소(所)·부곡(部曲)과 같은 천민들의 집단마을을 의미하기 때문에 완전히 다르다. 일본 본 토가 아닌 다른 곳, 즉 한반도나 동남아 그리고 중국 대륙 등지 에서 이주해 온 사람(주로 외국인), 일본인으로서 중죄를 범한 사 람들을 집단으로 수용한 마을을 부락(部落)이라고 한다.

이들 부락민은 농업이나 상업 등의 평범한 직업을 가질 수가 없고 우리의 과거 백정이나 광대 같은 것을 업으로 해 왔다. 부 락민에 대한 신분의 차별이 있다 보니 당연히 사회 활동에서도 제약을 받고 결혼도 부락민끼리만 가능했다.

이런 전근대적인 신분 차별이 왜 요즘 일본에서 문제가 될까?

일본은 확실히 세계의 경제 대국으로서 선진국이며 민주주의 의 나라이다. 자유와 평등 그리고 인간의 존엄성이 보장되는 나 라이다. 그런데 이런 현대 일본사회에서 부락민 토론회가 있다 는 것은 좀 이상하다. 역사의 재조명이라고나 할까? 역사학의 학술 강연회 같은 생각이 든다.

그러나 지금도 일본에서는 엄연히 부락민이 존재하고 눈에 보이지 않는 가운데서도 차별 대우를 받는 것이 사실이다. 주민증에 기재된 주소를 보면 부락민임을 금방 알 수 있기 때문에 속이려고 해도 속일 수 없는 것이 부락민이다.

일본은 우리나라와 같은 족보라는 것은 없지만, 몇 대에 걸친 가족(동족) 사항을 적어놓은 가계도(약식 족보)는 갖고 있다. 그래서 평소에는 모두 똑같은 일본인이지만, 결혼 등의 중요한 일이 있을 때는 그 집안의 과거를 추적한다. 그러다가 어느 특정 지역 출신, 즉 부락민이라는 것이 확인되면 파경에 이른다고 한다. 몇 대 조상이 어느 마을에 산 적이 있다는 것만 보고도 그 집안의 출신을 알 수 있다는 것이다. 물론 지금은 그런 부락이 있을 수 없지만, 그 부락민의 후손들이 여기저기에 흩어져서 살고 있다고 한다.

그러나 다행인 것은 한반도에서 강제로 끌려온 사람들 대부분은 우수한 인적 자원이었기 때문에 일본사회에서 대접을 받았고 신분도 보장되었다고 한다. 그것을 보장해 주는 것이 매년 5월 15일에 열리는 교토의 3대 마츠리(祝祭, 마쓰리) 중 하나인 아오이 마츠리(葵祭, 아욱 축제)이다. 과거 한반도(중국 대륙 포함)에서 이주해 온 사람들은 기술력이 뛰어나 상류 계층을 형성해서 살았는데 이를 과시하기 위하여 각종 농기구, 기계 등 그리고 의류 등을 교토 사람들에게 보여 주는 축제다.

하지만 과거 한반도에서 끌려왔던 상당수의 사람이 부락민이
되었을 것이라고 생각하니 마음이 아프다.

86.
소스이가와(疎水川)

교토 근처의 시가현(滋賀県)에는 '비와코(琵琶湖, 비파호)'라는 일본에서 제일 큰 호수가 있다. 너무 커서 얼핏 보면 마치 바다처럼 보인다. '비와코'와 가까운 거리에는 우리의 동해(일본인들은 일본해라고 하지만)가 맞닿아 있어서 호수와 바다를 이용하여 대륙 진출을 이룰 수 있는 좋은 여건을 갖고 있다. 또 남으로는 교토의 우지시와 연결돼 '우지가와(宇治川)'를 따라서 오사카의 '요도가와(淀川)'로 흘러간다. 교토가 천 년 이상 일본의 수도를 유지할 수 있었던 것도 이 '비와코(琵琶湖, 비파호)'와 '요도가와(淀川)'의 젖줄 때문이 아닌가 하는 생각이 든다.

'소스이가와(疎水川)'는 1905년의 러일전쟁 당시 오사카와 교토에서 전쟁에 필요한 물자를 배에 실어 조선까지 나르기 위해서 만든 일종의 운하와 같은 것이다. 금년(1997년)으로 꼭 92년, 거의 1세기가 다 되어 가지만, 이곳 '긴키(近畿)' 지방에서는 없어서는 안 될 중요한 젖줄 구실을 하고 있으며 아직도 튼튼하기가 이를 데 없다. 100년 가까이 된 인공 강이 범람치 않도록 수문 조절이 잘되어 있고 보수 공사도 때맞춰 잘 이루어져 지금까지 아무 탈 없이 건재한 것을 보면 일본인들의 토목 기술을 알 만도

하다. 일본인들의 빈틈없는 꼼꼼한 솜씨를 보는 듯하다.

이에 비해 우리나라는 어떠한가? 최근 몇 년 사이에 영동대교나 삼풍백화점 등 대형 붕괴 사고로 점철되어 사고 공화국이라는 불명예를 아직껏 안고 있다. 우리의 기술이나 손재주가 일본인들보다 못해서 그런 일이 일어났을까? 아니다. 감히 절대 아니라고 말하고 싶다.

우리의 과거를 보면 충분히 알 수 있다. 삼국시대의 불국사나 탑, 고려시대의 무량수전 등 각종 건축물이나 불상·청자기 그리고 조선시대의 백자 등 이루 말할 수 없는 조상들의 위업이 산재해 있다.

우리 한국인의 손끝 솜씨는 세계가 인정하고 있다. 세계 기능올림픽 대회가 있으면 금메달을 거의 싹쓸이하다시피 하는 놀라운 저력을 아는 사람은 다 알 것이다.

그러나 1970년대 이후로 고도성장을 표방한 정부의 경제정책에 따라 국민은 인플레 심리와 한탕주의로 흐르게 됐고, 그러다 보니 '빨리빨리', '대충대충'이라는 부실을 면치 못한 결과 대형 붕괴 사고 등이 잇따랐다고 보인다.

지금은 우리나라도 1인당 GNP가 1만 불을 넘고 OECD에도 가입하여 소위 선진국 대열에 끼어들었으니 가쁜 숨결을 한숨 돌리고, 보다 더 충실하고 차근차근히 나아갈 수 있도록 해야겠다. 마음의 여유를 갖는다는 게 얼마나 좋은 것인가. 이는 게으름을 피우는 게 아니다.

사상누각이 되지 않기 위해서는 밑바닥을 밟고 다지고 해서 튼튼히 해야 한다.

일본의 '소스이가와(疎水川)'가 지금도 건재하듯이, 우리의 한강 대교도 100년, 200년이 지나도 변함없이 건재하기를 빌어 본다.

87.
돈가스(豚カツ, 돈카츠)와 짬뽕(ちゃんぽん)

일본 음식은 세계적으로 유명하고 평판이 좋다. 그중에서도 정식(定食)보다 간단히 먹을 수 있는 음식 중의 하나인 돈가스와 짬뽕이 일본 음식이라는 사실을 아는 우리나라 사람들은 많지 않은 것 같다. 내가 어렸을 때는 주로 경양식 집에서 돈가스를 팔았기 때문에 돈가스가 서양에서 온 음식이라고 착각하는 사람이 많았다. 우리나라 국어사전에도 돈가스는 '얇게 썬 돼지고기에 빵가루를 입혀서 기름에 튀긴 서양 음식'이라고 기록되어 있다. 그러나 돈가스는 서양 음식이 아니다.

돈가스의 어원은 돼지 돈(豚)의 일본식 발음인 '톤'과 영어 커틀릿(cutlet)의 비표준어인 '카츠'의 합성어인데, 이것이 우리나라에 전해지면서 돈가스로 변한 것이다. 일본에서 살다 보면 일본인들이 돈가스를 얼마나 좋아하는지 금방 알 수 있다. 특히 젊은 사람일수록 돈가스를 선호하는 경향이 뚜렷하다.

일본에서 돈가스가 탄생하게 된 계기는 아주 간단하다. 후쿠오카나 나가사키가 있는 북쪽 규슈 지방에서의 일이다. 서양인들은 소고기로 만든 비후 커틀릿(일명 비후까스)을 좋아하는 데 반해서 돼지고기를 선호하는 일본인들은 어떻게 하면 서양의 비후까스처럼 돼지고기를 이용하여 비슷한 맛을 낼 수 있을지를 고민했다고 한다.

19세기 말에 나가사키의 어떤 주방장이 돼지고기를 얇게 썰어 그대로 기름에 튀겨 보고 밀가루를 묻혀서 튀겨 보기도 하는 등 시행착오를 거듭했지만, 서양의 비후까스와 비슷한 맛은 전혀 나지 않았다고 한다.

나가사키 등 일찍이 서양에 개방된 북쪽 규슈 지방은 포르투갈 등지에서 전해진 카스텔라가 유명하다. 돼지고기로 비후까스와 비슷한 맛을 내는 데 실패한 어떤 일본인이 우연히 카스텔라 가루를 돼지고기에 묻혀서 기름에 튀겨 봤는데, 그 맛이 바삭바삭하고 비후까스에 근접한 맛이었다고 한다. 그때부터 카스텔라 가루를 돼지고기에 묻혀서 튀기는 돈가스가 탄생한 것이다. 쇠고기가 아닌 돼지고기로 만든 커틀릿이 돈가스가 되었다.

하지만 1905년 러일전쟁과 청일전쟁을 치르면서 많은 일본의 젊은이들이 전장에 끌려가 일손이 부족했기 때문에 식당에서는 접시 하나에 돈가스와 반찬으로 양배추를 썰어서 간단히 냈다고 한다. 그래서 지금도 음식점에 가면 돈가스와 양배추가 같이 나온다.

또한, 짬뽕은 중화요리 집에서 먹을 수 있다. 그래서인지 짬뽕을 중국 음식이라고 생각하는 사람이 많다. 하지만 짬뽕 역시 일본 음식이다.

짬뽕이 만들어진 유래는 재일 화교들이 규슈 지역에 유학 온

본국의 중국 학생들을 위해서 만든 음식에서 기원한다.

19세기 말경에는 중국 학생들이 규슈 지역으로 유학을 많이 왔다고 한다. 당시도 일본은 물가가 비싸고 음식량도 많지 않았기 때문에 중국 유학생들은 늘 배고픔에 시달려야만 했다.

이때 어떤 재일 화교가 자국의 젊은이들이 어떻게 하면 적은 돈으로 배불리 먹일 수 있을까를 곰곰이 생각하다가 일본의 우동에서 발상을 얻어서 짬뽕을 만들게 되었다고 한다.

많은 고기와 볶은 채소에 국수와 수프를 넣고 끓여서 손님상에 내놓게 된 것이 짬뽕이 된 것이다. 본래 일본식 발음으로는 '참퐁(ちゃんぽん)'인데, 우리는 짬뽕으로 발음하고 있다. 그 뜻은 '한데 섞는다'이다. 그래서 우리나라에서도 뒤죽박죽으로 이것저것을 마구 섞을 때 "짬뽕한다."라고 하는 표현이 생겨난 것 같다. 나가사키 짬뽕은 우리와는 달리 하얀 우윳빛 국물이다. 이 짬뽕이 우리나라에 전해지면서 매운 것을 좋아하는 우리나라 사람들이 고추기름을 추가하여 빨갛게 만들어서 먹고 있다.

자장면이 인천에서 화교들에 의해서 한국 사람의 입맛에 맞게 만들어진 것처럼, 짬뽕은 일본 규슈 지역에서 일본인의 입맛에 맞게 만들어진 것이다.

88.
주먹밥(おにぎり, 오니기리)과
단무지(たくあん, 다꾸앙)

우리나라 분식집에 가면 어떤 음식을 시키든지 보통 밑반찬으로 단무지가 많이 나온다. 요즘 젊은이들은 단무지라는 말이 익숙하지만, 조금 나이 든 사람들은 으레 '다꾸앙'이라는 일본 말이 익숙하다. 일본어로 '타꾸앙(たくあん)'을 우리식 발음으로 '다꾸앙(다꽝)'이라고 한 것이다.

일본은 동양에서 유일하게 봉건제가 있던 국가였다. 또한, 전국시대를 경험한 나라이기도 하다. 일본의 봉건제는 각 지방에서 많은 영지를 소유한 무사(大名, 다이묘)가 그 지방의 수령이 되어서 쇼군(將軍)에게 조공을 바치고 충성하는 형태이다.

일본 열도 통일이 이루어지기 전에는 각 고을이 각각 하나의 국가였다고 한다. 아마 부족국가의 개념이었을 것이다. 그래서 각 고을의 이름은 ○○국(國)이라고 했다. 일본어를 좀 할 줄 아는 사람에게 "고향이 어디냐?"라는 말을 일본어로 말해 보라고 하면 아마 십중팔구는 "후루사토(古里)와 도치라데스까?", 아니면 "코쿄우(故鄕)와 도치라데스까?"라고 말할 것이다. 그러나 일본어 상급자는 좀 유식한 말로 "오쿠니(國)와~"라고 말할 것이다.

여기서 '나라 국(國)'은 국가가 아니라 마을이나 고향을 의미하는 것이다.

통일되기 전에 전국시대를 경험한 일본 열도는 늘 무사들의 전쟁이 일상이었다. 이는 쉽게 말해서 '땅따먹기', 즉 영토 확장 전쟁이다. 시도 때도 없이 전쟁을 일삼다 보니 병사들은 제대로 밥을 해 먹을 수가 없었고 그 대신 밥 속에 카츠오부시(鰹節, 가다랑어포) 등을 넣고 둥글둥글하게 빚은 '오니기리(주먹밥)'를 만들어서 먹었다. 반찬도 없이 주먹밥만 먹다 보니 밥맛도 제대로 나지 않고 금방 허기져서 병사들이 많이 힘들어했다고 한다.

일본에서는 전쟁할 때마다 스님들을 많이 동원했다. 어느 날 한 스님이 '오니기리'만 먹고 힘들어하는 병사들을 보고 궁리 끝에 무를 소금에 절이고 노랗게 물을 들여서 오래 두어도 상하지 않는 단무지를 만들어서 제공했는데, 병사들의 반응이 너무나도 좋았다고 한다.

이 단무지를 고안한 스님의 이름이 '다꾸앙(澤庵, たくあん)' 스님이다. 그래서 일본에서는 단무지를 '다꾸앙'이라고 부르고 있다.

89.
일본의 사시미(刺身)와 초밥(寿司)

일본식 회(膾) 요리를 우리는 보통 '사시미(刺身)'라고 부른다. '사시미'의 한자적 의미는 '몸 신(身)'과 '찌를 자(刺)'가 합쳐진 말이다. 즉, 칼로 몸을 찌르는 것이 '사시미'이다. 여기서 몸이란 살아 있는 모든 생물을 일컫는 말이다. 동물은 말할 것도 없고 식물도 포함된다.

우리는 일반적으로 '사시미(刺身)'라고 하면 보통 생선회라고만 생각한다. 그러나 일본의 경우에는 다르다. 생선뿐만 아니라 육고기 그리고 죽순이나 채소까지 포함하여 날 것을 칼로 썰어 먹는 음식을 통틀어서 '사시미(刺身)'라고 한다.

하지만 모든 살아 있는 생물에 칼을 대어서 날것으로 먹을 경우, 그 생명체는 죽지 않기 위해서 최후의 발악을 하고 마지막에는 자신이 살기 위해서 독을 내뿜는다고 한다. 그래서 일본인들은 회를 뜬 다음 냉장고에서 적당한 온도를 유지한 채로 몇 시간 동안 숙성시킨 후 먹어야만 해가 없다는 비결을 깨우쳤다.

그런데 우리나라 사람들은 일본인들이 생선을 날것으로 회를 쳐서 먹는 모습을 먼발치에서 바라보고 그 깊은 사정은 알지 못한 채 아무런 생각 없이 이를 그대로 흉내 내어 오늘날 우리의

'회(膾)' 문화를 만들었단다. 그러다 보니 일본인들처럼 독을 없애기 위해서 숙성한 회를 먹는 것이 아니라, 막 잡아 온 싱싱한 생선이 맛있고 좋다는 선입관에서 활어회를 좋아하게 된 것 같다.

이런 것을 알게 된 일본은 한국 관광객이 많은 도쿄나 오사카 등지에 한국식 '활어횟집'을 열고 손님을 부르고 있다.

'초밥(寿司)'도 '사시미'와 같은 맥락이다. '스시(寿司, 초밥)'는 식초에 버무린 밥 위에 생선회, 고기, 야채 등을 얹어서 먹는 것을 말한다. 우리나라 사람들이 '사시미'처럼 '초밥' 하면 '생선 초밥'을 먼저 떠올리지만, 위에서 말한 '사시미'처럼 생선뿐만 아니라 온갖 것을 다 올려 먹을 수 있다. 요즘에는 한국인이 좋아하는 삼겹살까지 올려서 먹는다.

그런데 '사시미'나 '초밥'을 먹을 때 한 가지 주의해야 할 것이 있다.

우리나라 일반 횟집에서는 잘 나오지 않지만, 소위 고급 일식집에 가면 반드시 '쇼가(生薑, 생강 절임)'와 '락교(荔, 파뿌리 절임)'가 나온다. '쇼가'를 먹는 이유는 일본어로 '구치나오시(口直し)'를 위해서이다.

'구치나오시'를 우리말로 번역한다면 아마 '입가심'에 가까울 것이다. '모둠 사시미'를 먹을 때는 여러 종류의 생선회가 나오는데, 가령 도미회를 먹고 그다음에 광어회를 먹는다면 두 번째로 먹는 광어회는 도미회의 냄새 때문에 제대로 맛을 볼 수 없다는 것이다. 그래서 도미회를 먹은 후에는 반드시 '쇼가'를 먹어서 입안을 깨끗이 한 다음 광어회를 먹어야 광어회의 맛을 제대로 느낄 수 있다.

그리고 '락교'는 일본에서 주로 카레라이스를 먹을 때 밑반찬으로 많이 나오는데 우리나라의 경우 일식집에서 볼 수 있다. 일본인들이 '락교'를 좋아하는 이유는 강장 식품, 또는 스테미너 식품이라고 생각하기 때문이란다.

또 우리는 일반적으로 모둠회를 먹을 때 아무 생각 없이 젓가락 가는 대로 집어 먹지만, 일본인들은 다르다. '사시미'나 '생선초밥'을 먹을 때도 먹는 순서가 있다는 것이다. 생선회 등 초밥 위에 올리는 것을 일본어로는 '미(身)'라고 하는데, '사시미'나 '미'의 색깔에 따라서 순서가 결정된다. 색깔이 검은색에 가까울수록 지방이 많아서 짙은 색깔의 회는 마지막에 먹고, 하얀색에 가까운, 즉 지방이 적은 회를 먼저 먹어야 회 맛을 제대로 느낄 수 있다는 것이다.

덧붙여서 '초밥'을 먹을 때는 젓가락으로 먹는 것보다는 엄지와 검지로 집어 먹는 것이 제대로 맛을 느낄 수 있다는 것이 일본 사람들의 지론이다.

90.
발전적 일한 관계를 위한 소고(小考)

우리가 두 개 국가 이상의 나라를 거론할 때는 자기 나라의 국명을 먼저 내세우고 그다음에는 친밀도나 큰 나라 순으로 나열하는 것이 일반적일 것이다. 그런데 위에서는 '한일 관계'가 아니라 '일한 관계'로 표기했다. 즉, 일본을 먼저 앞세웠다. 왜 그랬을까? 일한 관계가 발전적으로 나아가려면 양국 간에 '배려'가 선행되면 가능할 것이라는 생각으로 먼저 결론을 도출해 본 것이다.

사실 나는 운 좋게도 젊은 시절에 일본 교토에서 일본의 사회·문화를 공부할 기회가 있었다. 일본은 얼핏 보면 우리나라와 너무나 닮은 점이 많다. 우랄 알타이어에 속하는 말의 어순과 한자 문화권, 외모나 효를 중요시하는 사회 등등.

하지만 일본사회의 내면으로 깊숙이 들어가 보면 그렇지 않다는 것을 금방 알 수 있다. 일본인들은 친척이나 아무리 친한 친구라고 해도 자기 마음의 전부를 내어 주지 않는다. 그래서 나온 말이 '혼네(本音)'와 '타테마에(建前)'다. 즉, 본마음과 가식이다. 또한, 사무라이 정권하에서 살아온 사람들이기 때문에 상대방을 절대로 기분 나쁘게 하지 않는다. 그래서 "스미마셍(すみません, 미안합니다)."이라는 말을 입에 달고 살며 "아니요."라는 부정적인 말

은 잘 사용하지 않고 모호하게 말한다. 이와 달리 우리는 어떤가? 생면부지의 사람일지라도 조금만 친해지면 간도, 쓸개도 없이 다 내어 준다는 말이 있다. "미안합니다.", "죄송합니다."라는 말을 사용하는 것은 서툴고 잘 사용하지도 않는다. 자기변명이 강하다. "예." 아니면 "아니요." 둘 중에서 하나를 택해야 한다. 이 것도, 저것도 아닌 중간이란 있을 수 없다.

또한, 일본 사람들과 대화하다 보면 자신들이 열도에 사는 동양인임에도 불구하고 동양에 사는 서양인이라는 착각 속에서 살고 있다는 것을 알아차릴 수 있다. 정치·경제·사회·문화 등 모든 면에서 자기들이 동양의 최고라는 자부심이 대단하다. 그런 우월감은 한국이나 중국, 동남아 등지의 아시아계 사람들을 무시하는 모습으로 나타난다. 그도 그럴 수밖에 없는 것이 일본은 태평양 전쟁을 통해서 이미 식민지가 된 한국이나 대만을 비롯하여 중국대륙, 동남아 각국, 태평양제도 등의 지역을 지배했던 전력이 있다.

그런데 우리도 그런 일본을 일방적으로 무시한다. 세계에서 감히 일본을 무시하는 나라는 우리나라뿐이라는 말을 들은 적이 있다. 그런 한국인에게 "왜 일본을 무시하느냐?"라고 물으면 대답이 궁색하다. 과거에 우리가 일본에 한자와 불교, 유교 등 선진 문물을 전해 줬다는 것이다. 그럼 중국은 과거 우리에게 많은 선진 문물을 전해 주었다는 이유로 지금도 거드름을 피우는가? 그렇지 않다. 당시에는 중국에서 한반도로, 한반도에서 다시 일본으로 문화가 전해지는 일종의 흐름이 있었다. 그런데 현재가 아닌 과거의 어떤 행위로 우월감을 느낀다는 것은 어쩐지 꺼림칙하다. 우리나라에서 일본이나 일본인에 대해서 좋게 말하는 사람은 그다지 많지 않다. 만에 하나 좋게 말하거나 일본을 두둔하는 발언을 한다면 그 자리에서 매장되고 만다. 당장 친일파라고 손가락질을 당하고 말 것이다.

따라서 우리가 일본과 하는 스포츠 경기는 무조건 이겨야 한다. 실력이 부족해도 소위 깡다구로 이겨 왔다. 축구만 봐도 알 수 있다. 피파(FIFA) 순위는 일본이 우리보다 앞서지만, 역대 전적은 우리가 월등히 앞선다. 이는 우리를 식민 지배한 일본에 절대 질 수 없다는 강한 정신력의 발로이기도 하겠지만, 과거에 대한 일종의 복수심의 발로일 것이다. 그래서 '가장 가깝고도 먼 나라'라는 말이 생겼을 것이다.

이와 같은 일한 관계는 어느 날 갑자기 대두된 것이 아니다. 고대부터 현재까지 계속 반복되어 온 역사적 사실이다. 이런 역사적 일한 관계를 살펴보고 앞으로 나아갈 길을 모색한다면 '발전적 일한 관계'가 가능하지도 않을까 생각한다.

나는 그 역사적 사실의 하나로 백제의 멸망에서 첫 번째 원인을 찾고 싶다. 660년경에 백제가 나·당 연합군에 의해 멸망하자 많은 유민이 일본 열도로 유입된다. 고향에서 살지 못하고 섬나라 일본으로 간 유민들은 일본사회에 정착하고 동화되는 과정에서 얼마나 힘든 세월을 보냈고, 또 그런 과정에서 그들의 후손들

에게 어떤 말을 남겼을까? 나는 감히 상상해 본다. "당나라를 끌어들여 백제를 멸망시킨 신라에 반드시 복수하고 백제 고토를 되찾아야 한다. 언젠가 고향으로 돌아가야 한다."라는 말이었을 것이다. 혹자는 말한다. "정치적·사상적 원한이 사라지는 데는 대략 1세기가 걸린다."라고. 그랬을 것이다. 백제 유민들이 일본 열도에 정착하여 그들과 동화되면서 백제의 원수인 신라에 복수하자고 자자손손 말했을 것이다. 통일신라시대 이후로 얼마나 많은 왜구가 우리의 남·동해안을 노략질했는지는 문무왕의 유언에 따라 수중릉을 만든 것만 봐도 알 수 있을 것이다. 우리는 이를 두고 학교에서 문무왕이 국가를 사랑하는 애국충정의 극치라고 배웠다. 정말 그럴까? 역사는 항상 승자의 편이다. 당시 일본 열도 사람들과 융화한 백제 유민들의 한에 대해서는 일절 언급이 없다. 일본인들은 우리의 고대 삼국, 즉 고구려(高句麗), 백제(百濟), 신라(新羅)를 한자로 그대로 사용하면서, 고구려는 '코꾸리', 백제는 '쿠다라'라고 말하지만, 신라는 '시라기'라고 한다. 고유명사 뒤에 '~기(ぎ)'를 붙인 것이다. 일본어에서 '~기(ぎ)'의 경우는 '아주 더러운 놈', '나쁜 놈', '죽일 놈' 등 대상을 저주할 때 말끝에 붙여서 사용한다. 이것만 보더라도 일본인들이 신라에 대해서 얼마나 악감정을 갖고 있었는지 충분히 알 수 있을 것이다. 왜구들이 이렇게 하니 신라인 또한 일본에 대해 강한 적대감을 가질 수밖에 없었을 것이다. 1,300여 년이 지난 지금도 일본인에게 그런 피가 흐른다고 말할 순 없겠지만, 이런 과정을 거쳐서 반도와

열도 사람들은 서로 반목하게 되었을 것이다. 그 연장선상에서 정치인들이 이용하고 있는 지금의 영·호남 지역감정도 마찬가지가 아닐까 생각해 본다.

둘째, 양국 간 이해 부족이 가장 큰 문제다. 일본은 고대국가 때는 한반도 등 북방의 선진 문화를 받아들였지만, 적어도 고려시대 이후로는 북방문화와 남방문화를 아우르는 자신들만의 독창적인 해양 문화를 발전시켰다. 그러나 당시 오로지 중국만 바라보고 살았던 한반도의 집권자들은 그런 일본의 사회·문화를 이해하지 못했고, 이해하려 하지도 않았다. 중국처럼 갓 쓰고 도포 입은 양반문화를 조금이라도 벗어나면 오랑캐나 야만인 취급을 했다. 일본인들의 '기모노(着物, 일본의 전통의복)'나 '게다(下駄, 나막신)', '훈도시(褌, 남자의 전통 속옷)' 등을 아예 무시한 것이 사실이다. 모든 게 중국 것만 참이고 선이며, 그 이외에는 모두 야만이었다.

그 결과, '7년 전쟁'이라는 임진왜란과 청나라에 의한 정묘·병자호란 그리고 근대에 들어서 35년간의 일제 강점기 등의 생각하기도 싫은 끔찍한 일들이 한반도에서 일어난다.

임진왜란으로 인해 한반도가 황폐화되고 초토화되었으면 두 번 다시 그런 일을 당하지 말았어야 했다. 하지만 집권자들이 외교적 노력이나 민생 안전을 위한 여러 조치를 제대로 취하지 못한 탓에 끝내 1910년에 국권 상실이라는 최악의 사태까지 맞이하게 된 것이다. 나는 여기서 일본이 저지른 여러 만행에 대해서

왈가불가할 생각은 조금도 없다. 왜냐하면 일본을 탓하기 전에 먼저 우리 스스로 지난날을 되돌아보고 반성한 후 또다시 그런 일이 일어나지 않도록 하는 것이 급선무이기 때문이다. 설령 일본이 잘못한 게 많다고 할지라도 우리의 연약하고 어리석음을 먼저 한탄해야 할 것이다.

일한 관계는 과거의 일이 아니다. 지금도 애증으로 얽힌 현재 진행형이다. 1965년의 국교 정상화 이후에도 양국 간에 얼마나 많은 불협화음이 일어나고 있는가? 아직도 해결되지 않은 위안부나 강제 징용자 배상 문제, 독도 영유권 문제 등으로 양국이 원만한 관계를 유지하지 못하는 게 사실이다. 역사 철학자 토인비는 역사의 현재성을 강조했다. 역사는 지금도 반복되고 있는데 대다수의 사람은 그것을 인식하지 못한다. 이제 일한 양국은 동북아시아 평화와 발전을 위해서 함께 노력해야 한다. 어떻게 하면 양국이 발전적인 방향으로 나아갈 수 있을까?

먼저 양국은 과거사에 너무 얽매이지 말고 향후 상호 협력 방안 등에 대해서 과감히 소통해야 한다. 그러기 위해서 일본은 과거 제국주의 국가로서 저지른 여러 만행에 대해 용감하게 용서를 구하고 사과할 수 있는 용기를 가져야 할 것이다. 이 문제는 일본이 독일에게 배워야 한다. 대표적인 것이 위안부나 강제징용 문제 등이다. 일본어에는 '자꾸바란'이라는 말이 있다. 일본인들은 평소에 본심을 제대로 보이지 않기 때문에 '배를 갈라놓고 숨김없이 털어놓는다'라는 뜻을 가진 말이다. 솔직하게 인정할 것은 인정하면서 상대방에게 양해를 구하는 용기는 참으로 아름다울 것이다. 그래야만 쌍방이 서로를 믿고 무엇이든지 소통할 수 있다고 본다.

우리의 경우도 마찬가지이다. 일본만 탓하지 말고 100%가 아닐지라도 어느 정도 합의 선상에 들어오면 과감히 받아들여야 할 것이다. 시쳇말로 "과거는 흘러갔다."라는 유행가 가사가 있다. 과거는 과거이다. 플라톤은 일찍이 '사랑은 대화'라고 했다. 일한 간의 허심탄회한 대화, 즉 소통만이 발전적인 일한 관계로 한층 더 나아갈 수 있는 길이다. 자꾸 소통하다 보면 상대방을 이해하는 배려심이 생기고 서로 간에 믿을 수 있는 신뢰가 구축될 것이다. 나는 지금껏 '배려'라는 말보다 더 아름다운 말을 발견하지 못했다. '배려'를 통해 일한 관계가 더욱 발전적으로 나아가기를 바라는 마음이 간절하다.

지금은 일한 정부 지도자들의 '배려' 정신이 그 어느 때보다 중요한 때이다.

91.
정중동(靜中動)

　소싯적에 친구들과 남녀 간의 사랑에 관한 이야기를 나눌 때면 으레 "어떤 사랑을 하고 싶으냐?"라는 물음을 받았던 기억이 난다. 그때마다 사랑이 뭔지 제대로 알지도 못하던 나는 "장작불 같은 은근한 사랑을 하고 싶다."라고 대답하곤 했다. 사랑에 대한 어떤 확고한 철학이 있어서가 아니다. 폭탄처럼 격렬한 사랑은 타오를 때는 좋을지 몰라도 결국에는 주변을 파괴하고 상처만 남긴다. 그러나 은은하게 타오르는 장작불 같은 사랑은 한 자리에 오래도록 남아서 밤새 타올라 '우리'라는 공간을 따뜻한 온기로 채워 준다. 그래서 학창 시절에 알고 지내던 지금의 아내와 무려 9년이라는 연애 기간을 거쳐서 결혼에 골인할 수 있었는지도 모른다. 올해로 결혼 39주년인 우리 부부는 요즘 애들처럼 결혼기념일뿐만 아니라 첫 데이트 날도 함께 기념하며 축하해 주고 있다. 따라서 우리 부부의 공식 기념일은 두 개인 셈이다. 기념일을 서로 잊지 않고 주고받는 것도 변치 않는 사랑이라는 생각에 나이가 들어도 기분이 좋다.

　우리 부부의 기념일은 두 개이지만, '대한민국'이라는 국가 차원의 기념일은 과연 몇 개나 될까? 그런데 막상 헤아려 보니 국경일과 기타 공휴일(명절과 기념일), 법정기념일과 기타 기념일 등이 생각보다 어마어마하게 많다.

이렇게 많은 기념일 중에서도 금년으로 100주년이 되는 '3·1 만세 운동'의 열기는 연초부터 지금까지 TV 등의 언론을 통해서 뜨겁게 달아오르고 있다. 1919년 3월 1일, 이날은 일제의 침략에 맞서서 온 국민이 떨치고 일어나 비폭력적 3·1 만세 운동을 전개한 뜻깊은 날이다. 3·1 만세 운동 100주년을 맞이한 대한민국 국민이라면 누구나 감개무량하고 순국선열에게 고마운 마음을 갖지 않을 수 없을 것이다. 오로지 조국의 해방과 독립을 위해 일제의 총칼도 두려워하지 않고 초개와 같이 목숨을 내던져 싸웠던 그분들이 계셨기 때문에 오늘날의 대한민국과 우리가 건재할 수 있다고 생각하니 새삼 고개를 숙이게 된다.

그런데 최근 '독립선언서 국민 낭독 프로젝트' 등 일련의 언론 특집 프로그램을 보면서 가슴이 벅차오르거나 어떤 강한 욕구가 복받치는 것이 아니라 나름 걱정스러움이 앞서는 것은 나만의 치졸한 생각일까? 남녀노소, 각계각층 그리고 재외 동포들까지 TV를 통해서 한 구절씩 독립선언서를 낭독하고 "대한 독립 만세!"를 외치는 모습은 당시를 재현한다는 의미에서는 보기 좋을 수도 있다. 그러나 동 프로젝트가 우리 국민에게 얼마나 많은 순기능적 반향을 불러일으킬지는 사뭇 되묻지 않을 수 없다. 언뜻 보기엔 노골적인 '3·1 만세 운동 100주년 캠페인'이 국민 단결이나 애국심 고취 등을 위해서는 바람직하고 그럴듯하게 보일 수도 있다. 하지만 동 캠페인이 끝나고 나면 국민의 뇌리에 남는 것은 과연 무엇일까? '일본 제국주의 타도'나 '대한 독립 만세' 또는 '독립선언서' 일부 외에 무엇이 생각날지 의문스럽다. 무엇보다도 반일 감정 조장에 앞장서지 않을까 걱정이 앞선다. 『명심보감』을 보면 '과거는 미래의 거울'이라고 했다. 따라서 과거를 잊어서는 절대 안 될 것이다. 문제는 과거를 어떤 식으로 받아들이냐에 초점을 맞춰야 한다는 생각이다. 나는 평소 주위 사람들이 어떤 문제에 대해서 상담해 올 때면 우선 속담을 생각해 보라고 권한다. 내 경험에 의하면 웬만한 인간사 문제는 속담이나 명언에서 대부분 그 해답을 찾을 수 있기 때문이다.

이번 국영 방송이 전개하는 '독립선언서 국민 낭독 프로젝트' 등이 왜 염려스러우며 향후 어떻게 전개하면 좋을지 등에 대해서 우리 속담에서 그 길을 찾아보고 싶다.

첫째, '누울 자리를 보고 발을 뻗어라'

2018년부터 최근에 이르기까지 한반도를 둘러싼 국제 정세는 한 치 앞을 예측하기 어려울 정도로 급변하고 있다. 우리 정부는 북한과 미국 사이에서 중재자 역할을 충분히 할 것이라는 판단하에 새로운 한반도 평화체제 정착을 위해서 남북 정상이 만나고 북미 정상회담을 적극적으로 지원해 왔다. 그러나 제2차 북미 정상회담이 결렬된 이후로 우리나라는 북미의 틈바구니에서 옴짝달싹 못 하고 잠시 동력을 잃은 감이 든다. 왜냐하면, 남북이 아무리 좋은 안건에 대해서 합의에 이른다 해도 미국이 용인

하지 않으면 무용지물이 되었고, 게다가 미국은 아시아에서 가장 믿을 만한 우방인 일본을 끌어들여 우리 정부를 압박 중이기 때문이다. 특히, 남북·북미 정상회담에서 일본이 다소 배제된 데다 위안부나 강제 징용자 문제 등에 있어서 우리 정부의 강경한 태도에 반발과 소외감을 느낀 일본은 미국에 바싹 달라붙어서 굳건한 미일 동맹을 과시하고 있다. 이는 제2차 북미 정상회담 결렬 이후 트럼프 대통령이 북미 정상회담의 중재자라고 자처한 문재인 대통령에게 먼저 연락한 게 아니라 일본의 아베 총리에게 먼저 전화한 것만 봐도 충분히 알 수 있다. 이런 상황에서 우리나라가 한반도의 주인이며 미국과 확고한 동맹 관계를 유지하고 있다고 어떻게 장담할 수 있을까? 미국도 그러한데, 일본과는 현실적으로 아주 적대 관계(?)에 가까운 상태에 놓여 있는 것 같아서 과연 한·미·일 동맹이 과거처럼 굳건히 유지되는지 대한민국 국민으로서 불안하지 않을 수 없다.

이에 반해서 북한은 중국과 껌딱지처럼 붙어 다니면서 혈맹 관계를 과시하고, 김정은 위원장은 러시아 방문 운운하며 북·중·러 협력 관계를 공고히 하는 것이 사실이다.

우리 정부가 미국으로부터 믿음을 얻지 못한 채 일본과 불화하고 북한과 중국과는 겉돌게 된다면 결국 우리나라는 본의 아니게 동북아의 외톨이로 전락하고 말 것이다. 따라서 한반도의 평화 정착을 위해서라면 어떻게든 일본과 원만한 관계를 유지하는 게 좋지 않을까 생각해 본다.

특히 지금은 한반도 평화정착을 위해서 그 어느 때보다 한·미·일 동맹 관계를 더욱 공고히 해야 할 때이다. 그렇지 않아도 위안부나 강제 징용자 문제로 한일 관계가 최악의 상태에 놓여 있는데 '3·1 만세 운동 100주년 프로젝트'를 통해서 노골적이고 대대적으로 일본을 자극할 필요가 있을지 의문스럽다. 그렇다고 행사를 하지 말라거나 일본의 눈치를 보라는 것은 절대 아니다. 다만 지금 이 순간 무엇이 우리에게 유리한지, 어떻게 해야 국익에 도움이 되는지 등을 꼼꼼히 살피고 따져본 후에 프로젝트 방식을 결정했어야 한다고 본다. 동 프로젝트는 개인이나 회사 차원의 조그마한 것이 아니다. 적어도 대한민국 전체와 재외 국민을 포함한 어마어마한 캠페인이고 세계의 이목을 집중시킬 수 있는 쟁점이 될 수 있기 때문이다.

'누울 자리를 보고 발을 뻗어라'의 지혜를 모아야 할 때이다.

둘째, '빈 수레가 요란하다'

TV 화면 속에 비친 독립선언서 낭독이나 대한 독립 만세 제창이 자칫 잘못하다가는 공허한 일회성 메아리로 끝나버리지 않을까 걱정이다. 더군다나 당시를 재현한다고 해도 '대한 독립 만세'는 어딘지 모르게 께름칙하다. 아직도 우리나라가 일제로부터 독립하지 못했다는 것인지, 만세 제창을 할 것이라면 과거 지향이 아니라 미래 지향적으로 '대한민국 만세'로 하면 어떨까? TV 그리고 방방곡곡에서 외치는 '대한 독립 만세'라는 함성을 들은 외국인들, 더군다나 일본인들은 어떤 생각을 하게 될까? 독립선언서 낭독·대한 독립 만세 제창을 기념식장에서 조용히 끝내면 어디 탈이라도 나는 것일까? 100주년을 기념하는 데는 일부러 보여 주기 위한 떠들썩한 행사보다 좀 더 내실 있고 알맹이 있는 행사를 추진했으면 하는 아쉬움이 남는다. 가령 각급 단체에서 조용하고 심도 있는 100주년 행사를 치르고 각종 문화 행사를 추진했더라면 훨씬 의미심장한 100주년이 되었을 것으로 생각 하는 나는 너무나 근시안적인 안목을 가진 것일까? 아니면 떠들 썩하게 온 세상에 100주년을 큰소리로 알려야만 하는 어떤 당위 성이라도 있는 것일까?

3·1 만세 운동을 주제로 한 백일장·사생 대회·웅변 대회나 학술 토론회 등 각종 문화 행사를 통하여 한일 합방의 원인을 분석하 고 우리 선조들의 잘못을 반성하는 한편으로 두 번 다시 그러한 외침(外侵)을 당하지 않도록 어떻게 대비해야 할 것인지 확실한 방향을 제시하고, 국민 나름대로 나라 발전과 번영을 위해서 뭔 가를 다짐하는 그런 행사가 되었으면 좋겠다는 아쉬움이 남는 다. 일제의 만행을 탓하고 원망하기에 앞서서 당시에 왜 나라를 잃을 수밖에 없었는지를 우리 스스로 먼저 반성하고 되돌아보면 서 내적으로는 강한 힘을 축적하고 내실을 다져야 한다. 그래야 만 일본도 우리를 두려워하게 될 것이며, 결국 그러한 길이야말 로 순국선열께 보답하는 길이 될 것이다. '빈 수레가 요란하다'라 고 했다. 알맹이 없는 소란스러운 행사보다 더욱 내실 있는 행사 가 되기를 바란다.

셋째, '새 술은 새 부대에 담아야 한다'

여기서 술은 포도주를 말한다. 포도주는 보통 양가죽 부대에 담아서 자연적으로 발효시키는데, 발효가 끝난 포도주는 헌 가죽 부대에 담아 두어도 괜찮지만, 새 포도주는 발효 과정에서 가스를 내뿜고 팽창하는 성질이 있기 때문에 가죽 부대도 자연히 늘어나야만 하는데 이때 신축성이 없는 가죽 부대는 포도주의 발효 과정을 견디지 못하고 터져버린다고 한다. 그래서 '새 술은 새 부대에 담아야 한다'라고 했다.

3·1 만세 운동이 일어났던 100년 전의 한반도와 오늘날 한반도의 실상은 사뭇 다르다. 2018년에는 우리나라 1인당 국민소득이 3만 달러를 넘어섰다. 우리나라도 이제 명실공히 선진국 대열에 들어설 수 있는 위치까지 오른 것이다. 이런 경제성장과 함께 우리의 사고방식도 큰 전환을 하지 않으면 자칫 선진국 대열의 문턱에서 주저앉고 말 수도 있다. "과거는 흘러갔다."라는 어느 유행가 가사가 생각난다. 그렇다고 해서 '과거를 깡그리 잊어라'라는 것은 아니다. 과거가 반드시 발전적인 미래의 초석이 되도록 스스로 되돌아봐야 할 것이다.

혹자는 최근 한반도를 둘러싼 국제 정세가 100여 년 전의 구한말 때와 너무나 흡사하다고 말한다. 국제정세는 그렇다 치더라도 대한민국의 위상은 그때와는 판이하다. 세계경제포럼(WEF)의 2018년 평가에 따른 국제 경쟁력 순위에서 우리나라는 15위를 기록했다. 또한, 세계 군사력 순위에서는 7위를 차지했다. 국제법

상 전 세계 국가 수는 242개국이라는데 경제력과 국방력에서 보면 우리나라는 단연 최상위권이라고 말해도 과언이 아닐 것이다.

일본이 과거사에 대해서 진정으로 반성하고 사과하는 것은 차치하고, 이제 우리나라의 위상과 수준에 걸맞은 국가적 행동을 해야 한다고 본다. 과거에 지나치게 집착하지 말고 주변국들을 좀 더 너그럽게 포용하고 안아 주면서 함께 손잡고 공존·공영할 수 있는 방안을 찾아야 한다. 그래야만 우리나라가 진정으로 성숙한 민주 국가·경제 대국·정치 발전 국가·선진국 대열에 동참할 수 있지 않을까? 남을 탓하기에 앞서서 우리 스스로를 먼저 돌아보는 여유를 가졌으면 좋겠다. "새 술은 새 부대에 담아야 한다."

'정중동(靜中動)'이라는 말이 새삼스럽게 생각나는 2019년 3월이다.

92.
출가외인(出嫁外人)

　언론이나 신문에서 "딸 같은 며느리, 아들 같은 사위."라고 말하는 사람을 종종 볼 수 있다. 하지만 주변 사람들의 이야기를 들어 보면 그 실현 가능성은 극히 미미하다. 일종의 자기 욕심이나 바람으로 보는 것이 옳을 것이다. 사위나 며느리가 아무리 잘해도 '사위는 사위, 며느리는 며느리'라는 것이다. 그래도 "딸 같은 며느리, 아들 같은 사위."는 그나마 예쁜 말에 속한다. 이와는 대조적으로 예로부터 우리사회에서는 '출가외인', '백년 하객'이라는 말을 자주 사용해 왔다. 지금은 종영했지만, 어느 지상파 TV에서 '가깝지만 어렵고도 어색한 사위와 장모·장인의 변화하는 모습을 통해서 진정한 가족의 의미를 되새겨 보자'라는 의미에서 〈백년손님〉이라는 프로그램을 진행했는데 가끔 재밌게 봤던 기억이 난다. 물론 작가가 쓴 각본에 맞춰서 출연자들이 리얼하게 연기하지만, 어딘지 모르게 어색한 것은 어쩔 수 없다. 또한, 〈다문화 고부열전〉이라는 프로그램도 마찬가지이다. 다문화가정의 고부간 갈등을 주제로 하지만, 우여곡절 끝에 시어머니가 며느리의 고향(주로 동남아 지역)에 방문하여 며느리의 성장과정을 직접 몸으로 이해하고 서로 화해하여 며느리가 가족의 구성원으로 인정받는다는 내용이다. 나도 어려서부터 '출가외인'이나 '백년 하객'이라는 말을 익히 알고 있었으니 이 말이 우리사회에 얼마나 깊숙이 침투해 있는지 가히 짐작이 간다.

며느리와 사위에 대한 옛 문헌을 보면, 우리사회에는 민며느리제와 서옥제(데릴사위제)가 있었다. 고대사회는 농사를 지으며 생활하였기 때문에 노동력이 매우 중요시되었다. 그래서 결혼 풍습도 노동력과 관련하여 전해지게 된다. 고대 국가인 옥저에는 '민며느리제'가 있었다. 이는 며느리가 될 여자아이를 남자 집에서 데려다가 키운 것으로 딸이 없는 집에서 여성 노동력이 필요하여 실시하게 되었다. 여자아이가 성인이 되면 남자 쪽에서 여자 쪽에 예물을 건네주고 결혼하는 풍습이었다. 요즘도 항간에서 사용하는 "시집간다."라는 말은 여기서 나왔다고 한다.

이와 반대로 고구려에는 '서옥제(데릴사위제)'가 있었다. 이는 남자가 결혼하고 신부의 집에 서옥(사위집)을 짓고 살다가 자식이 장성해서 한몫을 하게 되면 아내와 함께 자신의 집으로 돌아가는 것이다. 여기서 "장가든다."라는 말이 생겼다. 이런 '서옥제'는 100여 년 전의 구한말까지만 해도 우리사회에 널리 퍼져 있었다고 전해진다. 신사임당의 남편인 이원수도 아들 율곡과 함께 강릉 처가에서 일정 기간 동안 살다가 상경했다고 하니 그 뿌리가 얼마나 깊은지 알 만하다.

장가를 들든, 시집을 가든 그 집의 구성원으로 인정받은 것은 틀림없었을 것이다. 그러나 '출가외인'이란 말은 이런 구습과 달리 여자가 결혼하면 가족 구성원에서 제외되고 남이 된다는 것이니 참으로 슬픈 현실이 아닐 수 없다.

나는 개인적으로 장인어른과 장모님께 단 한 번도 '장인', '장모'라는 말을 사용한 적이 없다. '장인', '장모'라는 말은 어딘지 모르게 가족 구성원이 아니라 뜨내기 같은 느낌이 들었기 때문이다. 그래서 항상 '아버님', '어머님'이라고 했다.

지금은 작고하신 장인어른과 술상을 마주할 때면 "딸은 출가외인이다."라는 말을 귀가 닳도록 들었다. 따라서 딸에게는 단한 푼도 재산 상속을 해 줄 수 없다는 것이 장인어른의 지론이었다. 그때마다 나는 나름대로 아는 얕은 지식을 총동원하여 그렇지 않다는 반론을 폈지만, 장인어른은 받아들여 주지 않았다. '현행 민법에 의하면 아들·딸 차별 없이 똑같은 지분으로 상속받는다'라는 사실을 잘 알고 있지만, 당신께서는 절대 그렇게 못 하겠다는 것이다. 이유는 간단하다. 조상 대대로 그렇게 해 왔기 때문이란다. 그렇지만 돌아가시기 얼마 전에 딸들에게도 조금씩 토지를 상속해 주셨다. 물론 아들에게는 훨씬 많은 재산을 남겨 주셨지만, 그나마 다행이었다.

만일 '출가외인'이라는 말의 생성 과정을 알게 된다면 우리 장인어른은 물론이고 일반인들이 지금처럼 쉽게 함부로 사용할 수 있었을까? '출가외인'이라는 말을 쓰는 나라는 중국과 일본 정도이다. 세계에서 동북아 3국만이 공통으로 결혼한 딸자식을 남으로 간주했다. 그나마 중국이나 일본은 차츰 그 말이 희석됐지만,

유독 우리나라에서는 아직도 강하게 자리매김하고 있는 것 같다. 물론 말뿐이고 실제로는 그렇지 않을 수도 있겠지만, 왜 그럴까?

고려 때까지만 해도 우리사회는 지극히 남녀평등사회였다. 오늘날 부모 제사는 아들, 그중에서도 장남이 주로 지내는 집이 많지만, 그때는 장·차남이나 아들·딸 구별치 않고 형제들이 순번을 정해 돌아가면서 제사를 지냈다. 재산상속도 전혀 남녀를 차별하지 않았다. 여자가 재혼, 삼혼 등 몇 번이고 팔자를 바꿔도 아무런 흠도, 문제도 없었다. 이른바 자유연애의 파라다이스 사회였다.

문제는 이성계의 조선 건국 이후 양반가에서 일어났다. 특히, 불법으로 집권한 태종 이방원은 자신의 쿠데타를 정당화·합리화시키기 위하여 여자를 희생양으로 삼았다. 양반가 여성의 재혼을 엄격하게 금했고, 재혼하려면 반드시 임금의 재가를 받아야만 했다. 충성스럽게 한 임금만 섬기라는 뜻을 여자에게 에둘러 나타낸 것이라고 하니 당시 여자의 입지가 어떠했는지 짐작할 만하다. 재산 상속은 아들을 위주로 하되 장남에게 집중하도록 했으며 여사는 아예 배세했다. 여기에서 '출가외인'이라는 말이 등장하게 된다.

하지만 고려 때부터 남녀평등사회에 익숙했던 양반들은 어명을 따르지 않았다. 어명을 어겨 발각될 경우 엄청난 불이익을 감수해야 함에도 불구하고 은밀하게 딸에게도 재산을 상속한 것이다. 이런 현상은 조선 중기까지 계속된다. 또한, 여자의 재혼 금지는 급기야 '보쌈'이라는 해방구의 등장으로 이어진다. '불경이부 (不更二夫)'라는 유교적 질서가 고착되면서 과부의 수절을 강요한 결과로 파생된 조선시대의 풍습이다.

그러나 1592년의 임진왜란과 1636년의 병자호란 등 양란을 겪으면서 조선사회는 변화를 맞이하게 된다. 양란 이후 조선의 양반가는 더 이상 남녀평등 상속을 해 줄 수가 없었다. 이는 전 국토가 황폐화되어 먹고 살기 힘든 고난의 시대가 계속되었기 때문이다. 이제 적장자에게도 상속해 줄 재산이 없는데 어떻게 시집간 딸까지 챙길 수 있겠는가? 한번 상상해 보라. 당장 내 식솔들이 먹을 식량도 없는데 시집간 딸이 불쑥 찾아와서 먹을 것 좀 달라고 하면 어떤 반응이 나올지. 아마도 "우리 먹을 것도 없는데, 출가외인인 넌 시댁에서 알아서 해결하라."라고 거절할 수밖에 없었을 것이다. 그동안 아무 생각 없이 떠돌던 '출가외인'이라는 말이 이제 제대로 빛을 발하게 된 것이다. 조정에서 더 이상 강요하지 않아도 양반가에서 알아서 따를 수밖에 없었다.

다시 한번 상상해 보라. 식량을 구걸하러 온 딸자식에게 아무것도 주지 못하고 빈손으로 돌려보내면서 내뱉는 말. 물론 마음에 없는 말일지라도 '출가외인'이라는 말을 한 부모 마음이 얼마나 아팠을지를. 아마도 가슴이 갈기갈기 찢어졌을 것이다. 또한, 빈손으로 돌아서면서 '출가외인'이라는 말을 들은 딸자식의 심정은 어떠했을까? 우리 속담에 "먹고 죽은 귀신은 때깔도 곱다."라는 말이 있다. 세상에 태어난 이상 먹고사는 것만큼 중요한 것은 없을 것이다. 먹을 것이 없어서 쫄쫄 굶는 딸자식에게 조금도 양식을 주지 못한 채로 '출가외인'이라고 말한 건 일종의 자기합리화가 아닐까? 이제 '출가외인'이라는 말속에 숨겨져 있는 슬픈 부모 마음의 모순을 생각한다면 앞으로는 이런 말을 함부로 사용해서는 안 될 것이다.

'출가외인'과 같은 맥락에서 '백년 하객'도 마찬가지이다. 사위를 백년손님이 아닌 진정한 가족의 구성원으로서 받아들일 때, 그 가정은 한층 더 행복감을 맛볼 수 있지 않을까?

시집간 딸이 남이고 사위는 백년손님이라면, 결혼한 부부는 양가에서 버림받은 천애의 고아나 다름없다. 부부는 일심동체라고 했다. 그러면 '남편=아내'라는 등식이 성립될 수 있을 것이다. 이것을 결혼한 딸과 사위에 대입하면 딸이 남이 되기 때문에 딸의 남편, 즉 아들도 남이 된다.

이제부터라도 우리는 '출가외인'이나 '백년 하객'이라는 말을 함부로 사용하지 말고 사랑으로 감싸면 어떨지 생각해 본다.